親の元気を支えるシリーズ

買い物不便も栄養不足も解決！

親に届ける宅配ごはん

岩﨑啓子

女子栄養大学出版部

はじめに

離れて暮らす老いた親が、どのような食生活を送っているか、ご存じですか？

食が細くなった、でき合いのお総菜ばかり食べている、買い物に行っている様子がないなど、帰省したときなどに、ちょっとした変化を感じる人も少なくないようです。年齢とともに、あるいは病気やけがをきっかけに体力や気力が落ちると、だんだんと食事を作るのも買い物に行くのもおっくうになります。いつまでも元気でいてほしい、栄養をしっかりとってほしい、ごはんを楽しんで食べてほしい、そう思ったら宅配ごはんを始めてみてはいかがでしょう。

本書では、親にいつまでも元気でいてほしい、食べる意欲を支えたいという思いから生まれたレシピを紹介しています。

食べやすいこと、飽きないこと、冷蔵・冷凍することを考慮して、調理方法や味つけにもひとくふう。容器の選び方や梱包するときのポイントについてもくわしく解説しています。長続きさせるコツは、気負わず、自分のペースで行なうこと。宅配ごはんを実践している皆さんの体験談も参考にしてください。こまめに電話で感想を聞いてみるのも、送る側のたいせつな役目です。子から親に送る宅配ごはんを通して、これまで以上にコミュニケーションも密になり、心の距離もぐっと縮まるでしょう。

contents

- はじめに ……2
- 子から老親へ宅配ごはんを始めるきっかけは？ ……8
- 老親のごはん作りのポイントは？ ……10
- 食材選びと調理のコツは？ ……12
- 冷蔵と冷凍、どちらで送る？ ……14
- 梱包のコツと必要なグッズは？ ……16
- 衛生面で気をつけたいことは？ ……18
- 宅配便をじょうずに利用するには？ ……19
- 本書の使い方 ……20

1章 たんぱく質メインの宅配ごはん

豚肉のおかず
お肉もしっかり食べてほしい 肉メインのメニュー ……22
豚肉の辛みそいため／にんじんの甘酢いため／小松菜の塩こんぶあえ／切り干し大根とサクラエビのしょうが煮／いため酢豚 ……24
やわらか煮豚 ……25
一口カツ ……26
バーベキューいため ……26

鶏肉のおかず
和風タンドリーチキン ……28

磯辺揚げ ……29
みそだれ焼きとり風いため ……30
鶏ごぼう煮 ……30
和風チキンマリネ ……32
鶏ささ身のタラコ巻き ……33

ひき肉のおかず
ひき肉をさらに食べやすく ひき肉メインのメニュー ……34
つくね焼き／カリフラワーとパプリカのおかか風味／スナップえんどうのからしあえ
煮込みハンバーグ ……36
肉団子とかぶのカレースープ煮 ……37
焼きギョーザ ……38
ひき肉とキャベツの重ね煮 ……38

牛肉のおかず
牛肉と玉ねぎとミニトマトのウスターソースいため ……40
牛肉の野菜巻き焼き ……41
牛肉となすのさんしょう煮 ……42
チンジャオロース ……43

魚のおかず
体に役立つ栄養も豊富！ 魚メインのメニュー ……44
サケの照り焼き／キャベツと油揚げのレンジ煮／ブロッコリーのごまじょうゆあえ／かぼちゃサラダ

魚介類のおかず

うま味がたっぷり！魚介類メインのメニュー …… 54

- ギンダラの煮つけ …… 46
- アジの南蛮漬け …… 47
- サバのトマト煮 …… 48
- サバの竜田揚げ …… 49
- サワラのみりん焼き …… 50
- イワシのかば焼き …… 50
- ブリの梅しょうが煮 …… 52
- カジキの香味焼き …… 53
- エビグラタン／ゆで野菜のドレッシングかけ
- エビの青じそマヨいため …… 56
- エビのチリソースいため …… 57
- ホタテと青梗菜のクリーム煮 …… 58
- ホタテとアスパラガスの塩いため …… 59

卵のおかず

卵料理は朝ごはんにぴったり！卵メインのメニュー …… 60

- 卵焼き／ほうれん草のバターいため／切り干し大根とひじきのサラダ／貝割れ菜と油揚げ、わかめのみそ玉みそ汁

卵焼きバリエーション …… 62

- キャベツとサクラエビの卵焼き
- タラコとのりの卵焼き
- ほうれん草とえのきたけの卵焼き

味つきゆで卵バリエーション …… 63

- 味つきゆで卵 …… 63
- ゆで卵のカレーソースづけ
- ゆで卵のケチャップしょうゆづけ
- ゆで卵のみそづけ

オムレツバリエーション …… 64

- ミートオムレツ …… 64
- ほうれん草とチーズのオムレツ …… 65
- ズッキーニとベーコンのオムレツ
- じゃが芋とブロッコリーのオムレツ

大豆・大豆製品のおかず

- ゆで大豆のマリネ …… 66
- 豆腐と豚肉の煮物 …… 67
- おからのいり煮 …… 68
- 油揚げの肉詰め焼き …… 68

[ケース1] こんなケースのアイデア集
家事のできないひとり暮らしの父に送る …… 70

2章 食べやすい野菜とお芋の宅配ごはん

葉物のおかず

- キャベツとウインナの青のりいため …… 72
- 白菜とアサリの煮物 …… 73
- 小松菜の煮浸し …… 74
- コールスローサラダ …… 74

果菜類のおかず

- ブロッコリーのガーリック蒸し焼き……75
- セロリのおかか煮……76
- セロリのナムル……76
- さやいんげんのいため煮……76
- さやいんげんとちりめんじゃこの七味いため……77
- きゅうりの和風ピクルス……77
- なすとみょうがのだしづけ……78
- なべしぎ……78
- とうがんとコーンのあんかけ煮……79
- 焼きピーマンのねぎオイルあえ……79
- かぼちゃのバターじょうゆがらめ……80
- ラタトゥイユ……80

根菜のおかず

- 大根と油揚げのおだし煮……81
- 大根のじゃこいため……82
- 大根のゆず酢づけ……83
- かぶとしめじのクリーム煮……83
- たたきごぼうサラダ……84
- れんこんとにんじんの酢の物……84
- れんこんのみそきんぴら……85
- にんじんのはちみつレモンサラダ……85
- にんじんのナムル……86
- にんじんとじゃこの有馬煮……86
- にんじんの洋風白あえ……87

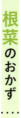

お芋のおかず

- 肉じゃが……88
- ポテトサラダ……89
- じゃが芋としょうがの酢きんぴら……89
- さつま芋の甘煮……90
- 里芋とツナの煮物……90
- 長芋と豚肉の塩煮……91
- 梅おかかあえ……91

便利でお手軽 ゆで野菜……92
ディップ&ソースを添えてお届け！……93

こんなケースのアイデア集 ケース2 もの忘れが多くなってきた親に送る……94

3章 親のお悩み解消！宅配ごはん

足腰じょうぶでいてね カルシウム多めのおかず

カルシウムを意識したメニュー

- 梅チキンチーズフライ／ひじきとえのきたけの煮物／カリフラワーのレモン酢／小松菜のからしあえ……96
- サケのトマトチーズ焼き……98
- 凍り豆腐の肉巻き……99
- ひじきと大豆のナムル……100
- 小松菜の中国風いため……101

4章 具だくさんの宅配ごはん

胃腸の働きを助けるおかず
胃腸の調子をととのえる**食物繊維**がとれる低脂肪メニュー……102

白身魚の中国風レンジ蒸し／がんもどきとスナップえんどうの煮物／ブロッコリーのおかかあえ
切りこんぶときのこの煮物……104
キャベツとわかめの煮浸し……105
にんじんとしらたきのタラコいため……106
いりこんにゃくの青のりあえ……107

少食な親向きおやつ
小倉蒸しパン……108
お好み焼き……109
りんごのコンポート……110
ヨーグルト＆フルーツかんてん……111

こんなケースのアイデア集 ケース3 持病がある親に送る……112

具だくさんカレー
キーマカレー……114

具だくさんシチュー
ビーフシチュー……116

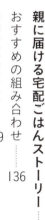

具だくさんごはん
炊き込みごはん……118
いなりずし……119
チャーハン……120
オムライス……121

便利でお手軽 みそ玉みそ汁……122
只割れ菜と油揚げ、わかめのみそ玉みそ汁……122

具のバリエーション……123
ねぎと豆苗のみそ玉みそ汁セット
三つ葉と花麩のみそ玉みそ汁セット
レタスとサクラエビのみそ玉みそ汁セット

具だくさんパン
ハムサンド……124
ツナサンド……124
卵サンド……125
かぼちゃクリームチーズサンド……125
ピザトースト……125

具だくさんめん
ナポリタンスパゲティ……126
焼きうどん……128
五目焼きそば……129

親に届ける宅配ごはんストーリー……130
おすすめの組み合わせ……136
栄養成分値一覧……139

子から老親へ宅配ごはんを始めるきっかけは？

まだまだ元気と思っていても、体の機能は少しずつ弱くなっていきます。親への宅配ごはんはいつごろから始めたらよいのでしょうか。まずは親の食生活をチェックしてみましょう。

☑ 食生活を抜き打ち検査

離れて暮らしていると、ふだん親がどんなものを食べているのか、なかなか知ることができません。親の家に行ったときに冷蔵庫や食卓をチェックしたり、電話でなにげなく聞いてみたりして、親の食生活を把握しておくことがたいせつです。

心身の不調は食事の仕方に現われます。1回だけでなく、気づいたときにチェックして、食生活に変化がないか注意しましょう。

Check 食生活のチェックポイント

食への興味が薄れている

タイミングを逃したり、食欲が減退したりして食事を抜くなど、食に対する興味が薄れてきている。病気による食事制限や味覚の鈍化、嚥下機能の低下が原因の場合もある。

ばっかり食べ

揚げ物や肉など、自分の好きなものばかり食べていて、栄養の偏りが心配。また、つまみ食いが多く、それでおなかがいっぱいになって、食事をきちんととっていない。

手抜きが多い

スーパーなどで買ってきたお総菜ばかり食べている、ごはんと漬物だけですましている、インスタント食品や菓子パンが多いなど、自分で料理を作っている様子がない。

8

Check 冷蔵庫のチェックポイント

食材が入っていない

期限切れが多い

いたんだ野菜や食品が放置されている

☑ 冷蔵庫を抜き打ち検査

親の家を訪ねたとき、冷蔵庫の中をのぞいてみましょう。いろいろなことがわかります。たとえば、お総菜のパックが積み重なっていたら、あまり料理をしていない証拠です。賞味期限の過ぎた食品やいたんだ野菜が入っていたり、よごれが放置されたままになっていたら、視力や嗅覚が低下しているのかもしれません。食材がほとんど入っていない場合は、買い物に行けないことが考えられます。

☑ 日々の買い物がたいへんそうに……

日常の買い物についても尋ねてみましょう。近所の商店がなくなって遠くまで行かなければならなくなった、自転車や車に乗るのが危なっかしく、できるだけ乗らないようにしている、体力が落ちて買い物袋一つを持つのもたいへんなど、日々の買い物に限界があり、食材を調達できない場合があります。

☑ 焦がしたなべを見るようになった

まだ自分で料理が作れるという人も、なべを火にかけたまま忘れてしまったり、耳が遠くなって湯が沸いた音に気づかないことがあります。IH（電磁調理器）に変えるのも一つの案ですが、作りおきを電子レンジで温めるだけであれば、安心感も高まります。

老親のごはん作りのポイントは？

親への宅配ごはんは、自分のペースでいつでも食べられるように、作りおきのスタイルがおすすめです。また、栄養バランスに気をつけて、親の好むものを用意しましょう。

✓ 簡単に食卓に出せるくふうを

せっかく調理したものを送るのだから、できるだけそのまま食卓に出せるようにくふうしましょう。親の手間はせいぜい電子レンジで温めるくらいに。わざわざ器に移しかえなくてもいいように、電子レンジにかけられる保存容器に詰めて送りましょう。

好みで器に移しても

面倒でなければ、いつも使う器に移しかえてもらいます。見栄えもよくなり、食欲も湧きます。

✓ 親の好みや興味に合わせて用意

子どものいる自分の家庭の料理を送っても、好みに合わず食べていなかった、ということがあります。好きな食べ物や食べたい料理を聞いておき、できるだけとり入れるようにすることがコツです。ただし、栄養の偏りには充分注意して。故郷の料理や懐かしい食材を使うのも喜ばれるでしょう。

「高齢者＝和食」の概念は見直しを

高齢だから、あっさりした和食が好き、というわけではありません。肉好き、洋食好き、揚げ物好きの親もいるので、食べたいものを聞いて、和洋中とり混ぜて用意しましょう。

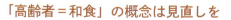

☑ 1人分ずつの小分けが基本

両親2人分や数日分をまとめて送るというときも、1人分ずつ小分けにして送るようにします。1人分の量がわかるので食べすぎを防いだり、夫婦で食事の時間がずれていても、1人分ずつとり出して用意することができます。今日の夕食はAとB、明日の昼食はAとCなど、献立の組みかえも容易です。

ラップ包みも便利

サンドイッチやいなりずしなどは、1切れまたは1個ずつラップに包み、まとめて保存容器または密閉できる保存袋に。小腹がすいたときも、少量ずつ食べられるので便利です。

☑ 主菜と副菜のバランスがととのうように

献立の基本は一汁二菜です。肉や魚などたんぱく質がとれる主菜1品と、野菜を中心にした副菜2～3品が理想です。主菜と副菜のバランスがよいと、栄養のバランスも自然にととのいます。宅配ごはんは、主菜1に対して副菜が2～3になるように。副菜はいろいろな種類から選べるように、種類を用意しておくとよいでしょう。

ワンプレートもおすすめ

カレーライスやオムライス、炊き込みごはんやチャーハンなど、ごはんとおかずを兼ねた料理も手軽です。食欲に合わせてお浸しや酢の物などを加えても。

☑ 中身はわかりやすく表示

保存容器の中身がわからないと、いちいちふたを開けて確認しなければならず、めんどうです。テープに料理名と期限を書き、ふたや側面に貼っておきましょう。

食材選びと調理のコツは？

料理を作るときのポイントは、親の食欲や栄養状態、噛む力などを考慮しながら、気持ちよく、また飽きずに食べてもらうくふうを心がけることです。食材の選び方にも注意しましょう。

旬をとり入れる
食への興味が高まる！

食材は、できるだけ栄養が豊富な旬のものを使いましょう。加齢とともに物事への興味や関心が薄れ、外出するのもおっくうになるという話をよく耳にします。旬の食材を食べることで季節を感じ、食への興味が高まるだけでなく、散歩に出かけたり、草花を見に行ったりと、行動に結びつくことがあります。

彩り豊かに
栄養バランスもキープ

さまざまな色の食材を使って彩り豊かな料理が並ぶと、目だけでなく心もうれしくなり、食欲も湧いてきます。また、さまざまな食材を食べることで体に多くの栄養素がとり入れられ、体を健やかに保つことができます。

香りをじょうずに使う
▼
> 食欲アップ

食事を楽しむには味と見た目、そして香りが重要な役割を担っています。しょうがやにんにくなどの香味野菜、ハーブ、ゆずやかぼすなどの柑橘類、また香辛料などをじょうずに使って食欲増進をはかりましょう。香味野菜や柑橘類、香辛料は、料理の塩分が高くなるのを防ぐ効果もあります。

五味をとり入れる
▼
> 飽きずに食べられる

五味とは、「甘味・塩味・酸味・苦味・うま味」のことをいいます。同じ味つけの料理が並ぶと飽きてしまい、残すことも多くなります。五味を意識して料理を考えましょう。

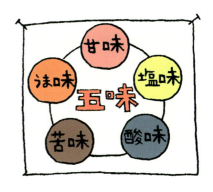

食べやすいくふう
▼
> 食事中の事故を予防

高齢になると、しっかり噛めなくなったり、飲み込む力が弱くなったりします。しかし、やわらかく調理したものばかりでは噛みごたえがなく、味けないもの。また、小さく切るとバラバラになり、かえって飲み込みにくくなることもあります。
食材に切り目を入れて噛みやすくする、油を効率的に使ったり水分を残したりしてぱさつかないようにする、とろみをつけるなど、口の中の状態に合わせてくふうするようにしましょう。

複数の調理法をとり入れる
▼
> 満足感が得られる

健康のことを考えると、いため物や揚げ物ばかりの宅配ごはんは避けたいものですが、煮物や蒸し物などのノンオイルの料理ばかりなのも満足感が得られません。適度な油はお通じをよくするためにも必要です。いためる、揚げる、蒸す、煮る、焼くなど、調理法に変化をつけましょう。

冷蔵と冷凍、どちらで送る?

宅配ごはんは冷蔵または冷凍で（いっしょに送れないので注意）。それぞれのメリットとデメリットを見て、作る側（自分）や食べる側（親）に便利な方法を選んでください。

冷蔵

	メリット	デメリット
作る側	●冷蔵に向かない食材や料理はないので、自由に選ぶことができる ●「土曜日の3時間」など、時間を決めて一気に作ることができる ●作ったものを冷蔵庫でひやし、すぐに送ることができる（冷凍する時間が省ける） ●スペースに余裕がありすぎるときは、ミニトマトや野菜の浅漬けなどを入れることもできる	●まとまった時間がないと何品も作れない ●買い物を一度にすることになるのでたいへん ●汁けが多い料理は密閉できる保存袋に入れる、形がくずれやすいものはさらに保存容器に入れる（または、保存容器に入れてから密閉できる保存袋に入れる）など、汁もれには充分注意しなければならない
食べる側	●保存容器や袋から出してそのまま食べられる。または、軽く温め直すだけで食べられる（加熱時間が短くてすむ） ●解凍の手間がかからない ●解凍による味の変化や嚙みごたえの変化が少ない	●保存期間が冷凍に比べると短い ●一定の期間内に食べきらなければならない ●保存中に味が落ちてしまうこともある

冷凍

	メリット	デメリット
作る側	●毎日の食事作りのついでに少しずつ作って冷凍しておき、数がまとまったら送ることができる ●汁けの多いものは冷凍のほうが送りやすい	●葉野菜や豆腐など、冷凍に向かない食材があるので注意しなくてはならない ●毎日の食事を余分に作らなければならない ●冷凍するための時間がかかる ●冷凍庫に入れたまま忘れてしまいがちになる
食べる側	●保存期間が冷蔵に比べて長い ●好きなときに好きな分だけ解凍して食べることができる ●保存中の味の変化が少ない	●冷凍庫に入れたまま忘れてしまいがちになる ●冷凍すると中身がよくわからなくなる ●「まだ食べられる」と思いがちになる ●解凍に手間がかかる ●加熱むらが起こりやすい ●解凍で食感がかわったり、水っぽくなったりすることがある

冷凍に向く食材、向かない食材

食材	冷凍OK	冷凍NG
肉と魚、魚介	すべての肉と魚、魚介	なし
卵	卵焼き、オムレツはOK（野菜の具が入ったものはNG）	ゆで卵
大豆と大豆製品	ゆで大豆、油揚げ、おからなど	豆腐
野菜	にんじん、れんこん、ごぼうなどの根菜 小松菜などの青菜、青梗菜（ちんげんさい） 切り干し大根やひじきなどの乾物料理 グリーンアスパラガス、えんどう、トマト、なす、かぼちゃ、ブロッコリー、カリフラワー、キャベツなど	大根、かぶ
芋	さつま芋、里芋、長芋など	じゃが芋
きのこ	すべてのきのこ	なし

・表にある食材は本書で用いたものです。

無理なく継続するためには?

自分のペースでできる範囲で

毎食しっかり食べてほしいからと、1日3食○日分と献立をきっちり決める必要はありません。最初に無理をすると、あとが続かなくなります。自分のペースで、楽しく続けましょう。

賢く手を抜く

親の健康のためと思って、手作り料理を送るのはよいことですが、すべて手作りの必要はありません。手作り料理にレトルト食品を合わせたり、カットフルーツやゆでた野菜などで穴埋めしてもよいでしょう。こだわりすぎると疲れてしまうので、ほどほどを心がけて。

感想やリクエストを聞く

宅配ごはんを送ったら、親に電話やメールで連絡して、味や食べやすさなど感想を聞いてみましょう。どんな料理が食べたいかリクエストも聞いておくと、次回からのメニュー作りに役立ちます。こうしたやりとりを通じて、作る側はやりがいを感じ、親はコミュニケーションを楽しむと同時に、次回の料理を心待ちにするでしょう。

梱包のコツと必要なグッズは?

料理は小分けにして保存容器に入れ、段ボール箱や保冷バッグなどにまとめて入れて送ります。料理の詰め方や梱包の仕方にはコツと注意点があります。各レシピのメモも参考に。

密閉容器で小分けにするのが基本

料理は1品ずつ、1人分を保存容器に入れるのが基本です。好きな料理を親が選び、そのまま食卓に並べることができます。1人分の量を詰めるには、浅型（3〜4cm深さ）の容器が便利。保存容器は、耐冷温度と耐熱温度をかならず確認しましょう。容器もふたも電子レンジ加熱や冷凍庫の温度に耐えられるものを使えば、そのまま冷凍したり、温め直したりができます。耐熱温度は140℃、耐冷温度は−20℃あれば安心です。

本書で使ったおもな保存容器は、主菜は300〜370ml容量のもの、副菜は150〜200mlのもの。浅型がよい。切り身魚の料理には18.5×8cm、深さ2cmの細長いサイズが便利。

汁けがある料理は密閉できる保存袋に

密閉できる保存袋は汁もれを防ぎます。保存容器に比べてかさばらないので、形がくずれる心配がない料理は密閉できる保存袋のほうが便利。ストック（常温〜冷蔵）用と冷凍用があり、ストック用は電子レンジにかけることができません。保存袋に料理を入れ、できるだけ空気を抜くようにするとよいでしょう。冷凍する場合は平らにすると、解凍もむらなくできます。電子レンジで加熱するときは、油分が多いと袋が破損するので、器に移すようにします。

ラップで霜がつくのを防ぐ

冷凍で送るときは、ラップを二重にして、料理にぴったり貼りつけるように落としてからふたをします。こうすると、霜がつきにくくなり、解凍したときに霜のにおいがつくのを防ぎます。

大きさ、耐熱温度、耐冷温度、液体や電子レンジに対応したタイプかどうかを確かめて。写真はどちらもストック用。左:Sサイズ（15×16.5cm）、右:Mサイズ（18.9×17.7cm）。

料理名と
保存期間期限の明記を

「料理名」と「保存期限」は、容器ごとに明記します。期限は、曜日まで入れておくとさらによいでしょう。ほかにも「そのまま食べる」「レンジで○分」「冷蔵庫で解凍」などたいせつなことを書いておきます。無地のマスキングテープで色分けすると見やすく、ふたと側面に貼ると冷蔵庫を開けたとき一目でわかります。ペンはかならず油性で。

献立は
一つの袋にまとめて

主菜と副菜を組み合わせ、一つの献立として送りたいときは、それぞれの料理を保存容器に入れたあと、大きめのポリ袋にまとめて入れましょう。メモで「○○と○○をいっしょに食べて」と伝えるより、セットになっていたほうが親もわかりやすいでしょう。ポリ袋の口をしっかり閉じれば、配送途中の万一の汁もれも防げます。袋の中に、「電子レンジにかけるときは1つずつ」とメモを入れて。

梱包の方法はおもに2つ

大きめ保存容器＋ポリ袋

ふたのある大きめの保存容器に、料理の入った保存容器や保存袋を並べ入れてふたをし、さらにポリ袋に入れて汁もれを防ぐという方法があります。じょうぶなのが利点です。

段ボール箱＋ポリ袋

入手しやすいのが段ボール箱です。料理を詰めた保存容器や保存袋は、さらに大きなポリ袋に入れて口を閉じ、段ボール箱に入れると、汁けが出てほかの人の荷物をよごしてしまうことを防ぎます。

> 親の家にたまった保存容器は、帰省のときに持ち帰るようにします。

衛生面で気をつけたいことは?

食中毒を防ぐには、清潔と殺菌がなによりもたいせつです。調理のさいはもちろん、味やにおいがあやしいときは思いきって処分するなど、食べるときにも注意が必要です。

解凍は冷蔵庫で

一度加熱してあるからといって、冷凍したものを常温で解凍するのは避けましょう。中がまだ凍っていても、表面が細菌の増殖に適した温度に達してしまい、食中毒を引き起こしてしまうおそれがあります。解凍するときは時間がかかってもかならず冷蔵庫に置くか、電子レンジにかけて解凍するよう、親に伝えることが必要です。

手・道具・容器を清潔に

料理をする前はもちろん、生の肉や魚、卵、野菜を扱うときはそのつど、食材をさわったあとに容器を持つときなど、こまめに手を洗うようにします。調理道具や保存容器は、よごれが残らないよう、隅や細かな部分もしっかり洗浄を。手も道具類も、洗ったあと食品用のアルコールで消毒をすると、さらに安心です。ふきんやエプロンも清潔なものを使いましょう。

肉や魚、野菜などは分けて置く

野菜は、土などを充分に洗い落としてから使うようにしましょう。また、野菜を生で食べる場合、生の肉や魚から離して置くようにして、万一の食中毒を防ぎます。保存容器や調理道具も、生の肉や魚から離して置きます。

肉や魚を切ったら熱湯消毒

生の肉や魚を切るときに使った包丁やまな板は、使用後すぐに洗剤で洗い、雑菌が残らないようにします。洗ったあとは熱湯をかけたり、食品用のアルコールを吹きかけたりして殺菌しておくとよいでしょう。包丁やまな板は、できれば肉魚用と野菜用の2つ用意し、使い分けるのがおすすめです。洗剤用スポンジも、生の食材を扱った道具用と、それ以外用とに分けておくと、よりベストです。

いさぎよさもたいせつ

夏場はほんの数時間、料理を常温に置いただけで菌が繁殖しがちになります。冬場の温かい部屋でも同様です。味やにおいがちょっとあやしいかなと思ったときは、いさぎよく捨てることが肝要です。親世代は、せっかく作ってくれた、少しくらいだいじょうぶ、もったいないと思いがちですが、食中毒にかからないことが最優先です。

むらなく電子レンジ加熱をするには

電子レンジでむらなく加熱するには、まず、保存容器に薄く均一に詰めることが基本です。保存容器はできるだけ浅型のものを使いましょう。密閉できる保存袋を使用する場合も、平らにならして冷凍します。

加熱は75℃で1分

食中毒を防ぐには「75℃で1分の加熱」が基本です。食材の中心部の温度が、75℃以上に達してから1分以上加熱すれば殺菌できるといわれています。電子レンジのときはかき混ぜながら加熱し、むらを起こさないように気をつけます。

「天地無用」を明記

送るときにはかならず「天地無用」と伝えて、シールを貼ってもらうか、書いておきましょう。途中で荷物がひっくり返ると汁もれしたり、中身がくずれる心配があります。どちら側が上か、わかるようにしておきましょう。

冷蔵は冷やしておき、冷凍便は完全に凍らせる

冷蔵・冷凍便は、その状態を保ったまま宅配するサービスです。冷蔵の場合は10℃以下で6時間以上、冷凍の場合は−15℃以下で12時間以上を目安にかならず予冷を。予冷していないと受けつけてもらえないことがあります。

荷物のすき間を埋める

すき間があると、保存容器が動いて中身がくずれることがあります。新聞紙やタオルを丸めて入れるとよいでしょう。万一、汁けが出てしまったときも安心です。

保冷材はなくてもOK

配送されるとき、荷物はつねに冷蔵・冷凍に保たれているため、保冷材を入れる必要はありません。保冷バッグや発泡スチロールは、外からの冷気を遮断するので避けます。

宅配便をじょうずに利用するには？

宅配便を送るときは、事前にきちんと冷蔵または冷凍することが鉄則です。

本書の使い方

レシピについて

単品料理に加え、献立例も紹介しています。

調理のコツ、レシピのポイントを掲載。

冷蔵、冷凍それぞれの保存期間を掲載。

宅配するときの注意点やコツなど、ワンポイントアドバイスつき。

1人分のエネルギー量、食塩相当量などの栄養価がひと目でわかります。

- 食品（肉、魚介、野菜、果物など）の重量は、特に表記がない場合は、すべて正味重量です。正味重量とは、皮、骨、殻、種など、食べない部分を除いた、実際に口に入る重量のことです。
- 材料の計算は、標準計量カップ・スプーンを使用しました。大さじ1＝15ml、小さじ1＝5ml、ミニスプーン1＝1ml、1カップ＝200mlが基準です。
- フライパンはフッ素樹脂加工のものを使用しました。
- 電子レンジは、500Wのものを使用しました。お使いの電子レンジのW数がこれより小さい場合は加熱時間を長めに、大きい場合は短めにしてください。
- 調味料は特に表記のない場合は、塩＝精製塩（小さじ1＝6g）、砂糖＝上白糖、酢＝穀物酢、しょうゆ＝濃口しょうゆ、みそ＝淡色辛みそや赤色辛みそを使用しています。

そのほかの表記について

材料

材料は「2人分」を基本に表示していますが、レシピによっては作りやすい分量で表示しています。

塩分とは

「塩分」とは食塩相当量のことです。本書でも、文章中に「塩分」とあるものは、食塩相当量を指します。食塩相当量（g）は、食品に含まれるナトリウム量（mg）を合算した値に2.54を掛けて1000で割ったものです。

1章

たんぱく質メインの宅配ごはん

体を支える筋肉が衰えると、動くのがつらくなるだけでなく、転倒もしやすくなります。転倒は骨折の原因に。筋肉のもととなるたんぱく質の摂取量は、若い世代と同じくらい必要といわれています。肉や魚、魚介や卵、大豆製品を使ったおかずで、良質なたんぱく質を親に届けましょう。

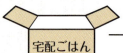

宅配ごはん

お肉もしっかり食べてほしい
肉メインのメニュー

＊保存容器に入れると、そのまま温めることができて便利。汁けが出るものは、さらに密閉できる保存袋に。

＊形がくずれない肉料理は、密閉できる保存袋にじかに入れてもOKです。

豚肉のおかず

1食分 561kcal たんぱく質 22.5g 食塩相当量 2.1g

主菜

冷蔵 3〜4 日
冷凍 3 週間

豚肉の辛みそいため

薄切り肉で食べやすく。
ぴり辛味で、ごはんが進みます

● 材料［2人分］

豚ロース薄切り肉		160g
ごま油		小さじ1
A	みそ	小さじ2
	砂糖	小さじ1
	豆板醤	小さじ⅙

1人分 247kcal たんぱく質 16.2g 食塩相当量 1.0g

● 作り方

1 豚肉は一口大に切る。
2 フライパンにごま油を熱し、豚肉を広げて入れ、両面を焼く。
3 Aを混ぜ合わせて2に加え、いため合わせる。

解凍 電子レンジで1分20秒

副菜

冷蔵 3〜4 日
冷凍 3 週間

にんじんの甘酢いため

油でいためることで、にんじんの栄養を効果的に摂取

● 材料［2人分］

にんじん		80g
ごま油		小さじ½
A	酢	小さじ1
	砂糖	小さじ⅓
	塩	少量

1人分 26kcal たんぱく質 0.3g 食塩相当量 0.3g

● 作り方

1 にんじんは3cm長さの細切りにする。
2 フライパンにごま油を熱し、にんじんをいためる。
3 しんなりとなったらAを加え、いため合わせる。

解凍 電子レンジで1分強

副菜

冷蔵 3 日
冷凍 3 週間

小松菜の塩こんぶあえ

しゃきしゃき感が残るくらいにゆでるのがおいしさのコツ

● 材料［2人分］

小松菜	100g
塩こんぶ	5g

1人分 10kcal たんぱく質 1.1g 食塩相当量 0.5g

● 作り方

1 小松菜はゆでて2cm長さに切る。
2 1と塩こんぶを混ぜ合わせる。

解凍 電子レンジで1分強

Memo

野菜を冷凍で送る場合は、かためにゆでます。

主食
ごはん…1人分 150g
252kcal たんぱく質 3.8g 食塩相当量 0g

副菜

冷蔵 3〜4 日
冷凍 3 週間

切り干し大根とサクラエビのしょうが煮

カルシウムが多い切り干し大根にサクラエビのうま味を煮含ませて

● 材料［2人分］

切り干し大根		乾10g
サクラエビ		2つまみ
しょうが（薄切り）		1枚
A	だし	½カップ
	みりん	小さじ1
	しょうゆ	小さじ⅔

1人分 26kcal たんぱく質 1.1g 食塩相当量 0.4g

● 作り方

1 切り干し大根はもみ洗いして水に15分ほどつけてもどし、水けを絞って食べやすい長さに切る。しょうがはせん切りにする。
2 なべにA、1、サクラエビを入れて火にかける。ふたをして、煮立ったら弱火にして10分ほど煮る。

解凍 電子レンジで1分20秒

豚肉のおかず

| 冷蔵 3〜4日 |
| 冷凍 3週間 |

いため酢豚

野菜ときのこで具だくさんに。
玉ねぎとパプリカの甘味も美味

宅配ごはん

＊パプリカやきのこは冷凍もOK。

● 材料［2人分］

豚ロース薄切り肉	160g
A［酒・かたくり粉	各小さじ1
［塩・こしょう	各少量
しめじ類	40g
玉ねぎ	1/4個
赤パプリカ	1/4個
しょうが（薄切り）	2枚
サラダ油	小さじ2
B［しょうゆ・酢	各小さじ2
［砂糖	小さじ1 1/2
［塩	少量

1人分 291kcal たんぱく質 17.0g 食塩相当量 1.4g

● 作り方

1 豚肉は一口大に切り、Aをからめる。しめじは小房に分け、玉ねぎはくし形切りに、パプリカは乱切りにする。しょうがはみじん切りにする。

2 フライパンにサラダ油を熱し、しょうが、豚肉をいため、豚肉の色が変わったら、しめじ、玉ねぎ、パプリカを加えていためる。玉ねぎがしんなりとなったらBを加えていため合わせる。

解凍 電子レンジで2分

24

1章 たんぱく質メインの宅配ごはん

豚肉 | 鶏肉 | ひき肉 | 牛肉 | 魚 | 魚介類 | 卵 | 大豆・大豆製品

| 冷蔵 3〜4日 |
| 冷凍 3週間 |

やわらか煮豚

しっとりやわらかな煮豚は、さめてもおいしくいただけます

宅配ごはん

＊保存容器に入れて煮汁をかける。
＊青菜も宅配するなら別容器に入れる。

●材料 [作りやすい分量・3人分]

豚肩ロースかたまり肉	300g
サラダ油	小さじ½
水	3カップ
酒	大さじ1
しょうが（薄切り）	2枚
ねぎ（青い部分）	5cm
しょうゆ	大さじ2
砂糖	大さじ½
青菜（ゆでる・好みで）	100g

1人分 277kcal たんぱく質 18.3g 食塩相当量 1.2g

●作り方

1 フライパンにサラダ油を強火で熱し、豚肉の表面を焼く。
2 なべに水を煮立て、豚肉、酒、しょうが、ねぎを入れてふたをし、再び煮立ったら弱火にして30分煮る。
3 ふたをはずし、中火にしてしょうゆ、砂糖を加えて15分煮て、上下を返して15分煮る。そのままさめるまでおき、食べやすく切る。
4 食べるときに青菜を好みで添える。

解凍 電子レンジで1分30秒

Memo
煮汁が半量くらいになるまで煮るのが、しっとり仕上げるコツです。

豚肉のおかず

一口カツ

冷蔵 3〜4日 / 冷凍 3週間

豚肉に切り目を入れると噛みやすい。赤身の豚ヒレ肉で鉄も確保。

※油をよくきって保存容器に。
※せん切りキャベツは冷蔵で送るときのみOK。別容器に入れる。

● 材料［2人分］

- 豚ヒレかたまり肉 ……………… 160g
- 塩 ……………… ミニスプーン1/2強
- こしょう ……………………… 少量
- 小麦粉 ………………………… 適量
- とき卵 ………………………… 1/4個分
- パン粉 ………………………… 適量
- 揚げ油
- キャベツ（せん切り・好みで）
  ……………………… 大1枚（80g）

1人分 277kcal たんぱく質 20.7g 食塩相当量 0.6g

● 作り方

1. 豚肉は6等分に切り、両面に4〜5mm幅の切り目を斜めに入れる。塩、こしょうをふり、小麦粉　とき卵、パン粉の順に衣をつける。
2. 揚げ油を170℃に熱し、こんがり揚げる。
3. 食べるときにキャベツを好みで添える。
- 味がもの足りないなら、ウスターソース少量をかける。

解凍 電子レンジで1分30秒

バーベキューいため

冷蔵 3〜4日 / 冷凍 3週間

ケチャップとソースで洋風味に。いためた玉ねぎをつけ合わせに

※豚肉と玉ねぎをいっしょに保存容器に入れる。

● 材料［2人分］

- 豚ロース薄切り肉 ……………… 160g
- 塩・こしょう ………………… 各少量
- 小麦粉 ………………………… 少量
- 玉ねぎ ………………………… 1/4個
- にんにく（薄切り） ……………… 1枚
- オリーブ油 …………………… 小さじ2
- A
  - トマトケチャップ ………… 大さじ1
  - ウスターソース …………… 小さじ1
  - しょうゆ ………………… 小さじ1/2

1人分 303kcal たんぱく質 16.7g 食塩相当量 1.1g

● 作り方

1. 豚肉は一口大に切り、塩、こしょうをふって小麦粉を薄くまぶす。玉ねぎは横に1cm幅に切る。
2. フライパンにオリーブ油の半量を熱し、玉ねぎをしんなりとなるまでいため、とり出す。
3. フライパンに残りのオリーブ油、にんにくを熱し、豚肉を広げながら入れて両面を焼き、Aを加えてからめる。
4. 2、3を盛り合わせる。

解凍 電子レンジで1分40秒

1章 たんぱく質メインの宅配ごはん

豚肉 / 鶏肉 / ひき肉 / 牛肉 / 魚 / 魚介類 / 卵 / 大豆・大豆製品

鶏肉のおかず

和風タンドリーチキン

冷蔵 3〜4日
冷凍 3週間

みそとみりんを隠し味に。
カレーの香りが食欲をそそります

※汁けが出ない一品。
キャベツは別容器に。

● 材料 [2人分]

鶏胸肉（皮なし）……………………160g
塩・こしょう……………………各少量
A ┌ プレーンヨーグルト………大さじ1
　 │ みそ………………………小さじ2
　 │ みりん……………………小さじ1
　 │ カレー粉…………………小さじ½
　 │ しょうが・にんにく（各すりおろし）
　 └ …………………………各少量
キャベツ（ゆでる・好みで）…………60g

1人分 125kcal たんぱく質 20.0g 食塩相当量 1.2g

● 作り方

1 鶏肉はそぎ切りにし、両面に8mm幅の切り目を斜めに入れ、塩、こしょうをふる。
2 Aを混ぜ合わせて1にからめ、2時間ほどおく。
3 魚焼きグリルで8分ほど焼く。
4 食べるときにキャベツを好みで添える。

解凍 電子レンジで1分30秒

Memo
魚焼きグリルの代わりに、オーブントースターで10分焼いてもOKです。パンにはさみ、サンドイッチにして食べるのもおすすめです。

28

磯辺揚げ

冷蔵 3~4日
冷凍 3週間

揚げることで、少量でも腹もちのよいおかずに。青のりも香味豊か

宅配ごはん

＊油をきって保存容器へ。冷蔵で送るときは、厚手のキッチンペーパーを敷いてから詰めると容器もべたつかない。

● 材料 [2人分]

鶏胸肉（皮なし）……………… 160g
A ┌ しょうゆ …………………… 小さじ1
　├ みりん ……………………… 小さじ½
　└ 塩 ……………………………… 少量
とき卵 ………………………………… ¼個分
小麦粉 ………………………………… ¼カップ
青のり ………………………………… 小さじ½
揚げ油

1人分 263kcal たんぱく質 21.0g 食塩相当量 0.8g

● 作り方

1 鶏胸肉は一口大のそぎ切りにし、両面に5mm幅の切り目を斜めに入れる。Aをからめて15分ほどおく。
2 卵に水適量を加えて¼カップにし、小麦粉、青のりを加えてさっくりと混ぜる。
3 2に1の鶏肉をからめ、170℃の揚げ油で約4分揚げる。

解凍 電子レンジで1分30秒

Memo
鶏肉の両面に切り目を入れると、噛みやすくなります。

鶏肉のおかず

みそだれ焼きとり風いため

冷蔵 3～4日 / 冷凍 3週間

鶏肉もねぎも食べやすい一口サイズに。ごはんによく合う一品です

＊ねぎは冷凍もできる。

● 材料［2人分］

鶏もも肉（皮つき）	160g
ねぎ	½本
サラダ油	小さじ1
A　みそ	小さじ1½
みりん	小さじ1
しょうゆ・砂糖	各小さじ½
七味とうがらし（好みで）	少量

1人分 210kcal たんぱく質 14.3g 食塩相当量 0.9g

● 作り方

1 鶏肉は両面に5㎜幅の切り目を斜めに入れ、一口大に切る。ねぎは5㎜幅の切り目を斜めに入れ、2cm長さに切る。
2 フライパンにサラダ油を熱し、1を入れて鶏肉に火が通るまで焼く。
3 火を消し、Aを混ぜ合わせて加え、余熱でからめる。七味とうがらしをふる。

解凍 電子レンジで2分

Memo
繊維の多いねぎは噛み切りにくい野菜の一つ。切り目を入れることで、格段に食べやすくなります。

鶏ごぼう煮

冷蔵 3～4日 / 冷凍 3週間

鶏肉とごぼうは相性抜群！ごま油でいためてコクをプラス

＊煮汁ごと保存容器に入れ、密閉できる保存袋に入れる。

● 材料［2人分］

鶏もも肉（皮つき）	160g
ごぼう	80g
ごま油	小さじ1
A　だし	½カップ
しょうゆ・酒	各大さじ1
砂糖	小さじ1

1人分 229kcal たんぱく質 14.9g 食塩相当量 1.5g

● 作り方

1 鶏肉は両面に5㎜幅の切り目を斜めに入れ、一口大に切る。ごぼうは乱切りにして30秒ほど水にさらし、水けをきる。
2 なべにごま油を熱し、1をいためて、Aを加えてふたをし、煮立ったら弱火にして10分ほど煮る。

解凍 電子レンジで2分20秒

Memo
鶏肉に切り目を入れておくと食べやすくなります。

30

1章
たんぱく質メインの宅配ごはん

豚肉 | 鶏肉 | ひき肉 | 牛肉 | 魚 | 魚介類 | 卵 | 大豆・大豆製品

鶏肉のおかず

冷蔵 3〜4日
冷凍 3週間

和風チキンマリネ

梅干しを使ってさっぱりと。みょうがと梅の彩りも美しいひと品です

宅配ごはん

＊冷蔵で送るときは、密閉できる保存袋に入れると汁もれの心配なし。

● 材料 [2人分]

- 鶏胸肉（皮つき）……………160g
- 塩・こしょう………………各少量
- 酒……………………………小さじ1
- みょうが……………………………1個
- 梅干し……………………………½個
- A
  - だし………………………大さじ3
  - サラダ油…………………小さじ1
  - しょうゆ…………………小さじ½

1人分 131kcal たんぱく質 17.2g 食塩相当量 0.9g

● 作り方

1. 鶏肉は塩、こしょうをふって酒をからめ、ラップをかけて電子レンジで3分30秒加熱し、さめるまでおく。
2. 鶏肉は薄切りに、みょうがは小口切りに、梅干しは細かくちぎり、合わせてAを加え混ぜる。

解凍 電子レンジで1分20秒

Memo
電子レンジだけで作れる簡単料理です。パンにも合います。

1章 たんぱく質メインの宅配ごはん

豚肉／鶏肉／ひき肉／牛肉／魚／魚介類／卵／大豆・大豆製品

冷蔵 3〜4日
冷凍 3週間

鶏ささ身のタラコ巻き

良質なたんぱく質を手軽に補給。
お酒のおともにもぴったりです

宅配ごはん

＊親が自分で切り分けることができれば、ラップに包んだまま送っても。

● 材料［2人分］

- 鶏ささ身……………… 2本（160g）
- 塩………………………………… 少量
- 酒……………………………… 小さじ1
- 青じそ……………………………… 4枚
- タラコ……………………………… 20g

1人分 101kcal たんぱく質 20.9g 食塩相当量 0.8g

● 作り方

1 ささ身は横に切り目を入れて開き、塩、酒をからめる。青じそは縦半分に切り、タラコはほぐす。
2 ささ身に青じそ、タラコをのせて巻き、ラップに包む。
3 電子レンジで4分加熱し、そのままさめるまでおき、切り分ける。

解凍 電子レンジで1分30秒

Memo
食べるときに、フライパンに油少量を引いて両面焼いても（冷凍なら冷蔵庫で自然解凍後に）。お好みでマヨネーズをつけて食べてもよいでしょう。

ひき肉のおかず

宅配ごはん

ひき肉をさらに食べやすく
ひき肉メインのメニュー

* やわらかく、嚙(か)むのも楽なひき肉料理を、さらに飲み込みやすく食べやすくなるようにひとくふう。
* ひき肉料理の形をつぶさないように、保存容器に入れて宅配すると安心。

1食分 515kcal たんぱく質 23.0g 食塩相当量 1.7g

1章 たんぱく質メインの宅配ごはん

主菜

冷蔵 3〜4日	冷凍 3週間

つくね焼き

甘辛味のたれがからんだ、
照り焼き風です

● 材料［2人分］

鶏ひき肉……………………………… 160g
塩……………………… ミニスプーン½強
とき卵………………………………… ¼個分
こしょう……………………………… 少量
┌ 玉ねぎ……………………………… 40g
│ 青じそ……………………………… 4枚
└ かたくり粉………………… 小さじ1
サラダ油……………………………… 小さじ1
しょうゆ・みりん…………… 各小さじ1

1人分 201kcal たんぱく質 15.4g 食塩相当量 0.9g

● 作り方

1 玉ねぎはみじん切りに、青じそはあらく
　刻み、合わせてかたくり粉をふり混ぜる。
2 ボールにひき肉、塩を入れて混ぜ、粘り
　けが出たら卵、こしょうを加えて混ぜ、
　1を加えてさらに混ぜ合わせる。6等分
　にし、丸く形を作る。
3 フライパンにサラダ油を熱し、2の真ん
　中を少しくぼませて入れ、ふたをして2
　分ほど焼く。弱火にして裏返し、3分ほ
　ど焼く。
4 火を消し、しょうゆ、みりんを混ぜ合わ
　せて加え、余熱でからめる。

解凍 | 電子レンジで1分30秒

Memo
ひき肉は、粘りけが出るまでよく混ぜて
形作ることで、ぼそぼそとした食感にな
らずに食べやすくなります。

副菜

冷蔵 3〜4日	冷凍 3週間

カリフラワーとパプリカのおかか風味

歯ごたえが楽しめる料理。
電子レンジで手軽に作れます

● 材料［2人分］

カリフラワー……………………… 100g
黄パプリカ…………………………… ¼個
A ┌ 削りガツオ……………… ¼袋（1g）
　└ しょうゆ・みりん……… 各小さじ1

1人分 31kcal たんぱく質 2.4g 食塩相当量 0.5g

● 作り方

1 カリフラワーは小房に分け、パプリカは
　乱切りにする。
2 1、Aを耐熱容器に入れてラップをふん
　わりとかけ、電子レンジで2分加熱する。

解凍 | 電子レンジで2分

副菜

冷蔵 3日	冷凍 3週間

スナップえんどうのからしあえ

緑色が目にも鮮やか。
ごま油を少量加えてコクをプラス

● 材料［2人分］

スナップえんどう………………… 100g
塩………………………… ミニスプーン½
ごま油…………………………… 小さじ½
練りがらし…………………………… 少量

1人分 32kcal たんぱく質 1.5g 食塩相当量 0.4g

● 作り方

1 スナップえんどうは筋を除き、ゆでて半
　分に割り、食べやすい大きさに切る。
2 1とそのほかの材料を混ぜ合わせる。

解凍 | 電子レンジで1分30秒

主食
ごはん…1人分 150g
252kcal たんぱく質 3.8g 食塩相当量 0g

ひき肉のおかず

Memo
パルメザンチーズを調味料として使います。食べるときにも、好みでかけてもよいでしょう。

冷蔵 3〜4日
冷凍 3週間

煮込みハンバーグ

豆腐を加えてふんわりやわらかく。トマト味の煮込みでしっとりと

宅配ごはん

＊煮汁ごと保存容器に入れる。冷蔵の場合は、密閉できる保存袋に入れると汁もれの心配がない。

● 材料 [2人分]

牛豚ひき肉	150g
塩	ミニスプーン2/3強
もめん豆腐	50g
A ┌ 玉ねぎ	40g
└ バター	小さじ1/2（2g）
┌ とき卵	1/4個分
└ こしょう・ナツメグ	各少量
オリーブ油	小さじ1/2
赤ワイン	大さじ1
B ┌ カットトマト缶	100g
│ トマトケチャップ	小さじ2
│ 水	1/2カップ
│ マッシュルーム（水煮・薄切り）	
└	1袋（50g）
C ┌ パルメザンチーズ	小さじ1
└ 塩・こしょう	各少量

1人分 282kcal たんぱく質 17.6g 食塩相当量 1.3g

● 作り方

1. 豆腐は厚手のキッチンペーパーに包んで重石をし、水きりをする。
2. 玉ねぎはみじん切りにしてバターといっしょに耐熱容器に入れ、ラップをかけずに電子レンジで1分加熱し、さめるまでおく。
3. ボールにひき肉、塩を入れ、粘りけが出るまで混ぜ合わせる。1の豆腐、**A**を加えて混ぜ、**2**を加えてさらに混ぜ合わせる。半量に分け、小判形に整える。
4. フライパンにオリーブ油を熱して**3**を焼き、きつね色になったら裏返し、さらにきつね色になるまで焼いてワインを加える。煮立ったら**B**を加えてふたをし、再び煮立ったら弱火にして10分煮る。**C**を加えて味をととのえる。

解凍 電子レンジで5分

冷蔵
3〜4日

肉団子とかぶのカレースープ煮

仕上げにバターを加えてまろやかに。
かぶの葉も使って栄養を高めます

＊汁けが多いので密閉できる保存袋に入れ、さらに保存容器に入れて形くずれを防ぐ。

● 材料 [2人分]

鶏ひき肉	160g
A 塩	ミニスプーン½強
こしょう	少量
とき卵	¼個分
玉ねぎ	40g
かぶ	2個
かぶの葉	50g
水	1カップ
固形ブイヨン	¼個
カレー粉	小さじ¼
塩	ミニスプーン1
バター	小さじ1（4g）

1人分 204kcal たんぱく質 16.1g 食塩相当量 1.3g

● 作り方

1 玉ねぎはみじん切りにする。かぶはくし形切りに、かぶの葉はゆでて3㎝長さに切る。
2 ボールに鶏ひき肉、Aを入れ、粘りけが出るまで混ぜ合わせ、1の玉ねぎを加えてさらに混ぜ合わせる。
3 なべに水、ブイヨンを入れて煮立てる。2を4つに分け、形を整えて入れ、かぶ、カレー粉、塩を加えてふたをし、10分ほど煮る。
4 かぶの葉、バターを加えてさっと煮る。

ひき肉のおかず

焼きギョーザ

冷蔵 3〜4日
冷凍 3週間

野菜がたっぷり。お好みのたれをつけていただきます

＊重ならないよう、浅めの保存容器に並べ入れると、むらなく温め直すことができる。

● 材料 [2人分]

豚ひき肉‥‥‥‥‥‥‥‥‥‥‥‥ 120g
キャベツ‥‥‥‥‥‥‥‥‥‥‥‥‥ 1枚
ねぎ‥‥‥‥‥‥‥‥‥‥‥‥‥‥ 3cm
にら‥‥‥‥‥‥‥‥‥‥‥‥‥‥ 30g
A ┌ しょうゆ・酒・ごま油‥‥ 各小さじ1
  │ オイスターソース‥‥‥‥‥ 小さじ¼
  │ 塩・こしょう‥‥‥‥‥‥‥ 各少量
  └ しょうが（すりおろし）‥‥‥ 少量
ギョーザの皮‥‥‥‥‥‥‥‥‥‥ 12枚
サラダ油‥‥‥‥‥‥‥‥‥‥‥ 小さじ1
ごま油‥‥‥‥‥‥‥‥‥‥‥‥ 小さじ1
たれ（左ページMemo・好みで）‥‥ 適量

1人分 284kcal たんぱく質 13.8g 食塩相当量 0.9g

● 作り方

1 キャベツ、ねぎはそれぞれみじん切りに、にらは細かく刻む。
2 豚ひき肉にAを加えて混ぜ合わせ、1を加えてさらに混ぜ合わせる。
3 ギョーザの皮の端に水少量をつけ、2をのせてひだをつけながら包む。
4 フライパンにサラダ油を敷いてギョーザを並べ入れ、火にかける。水適量をギョーザの高さ⅕ほどまで入れてふたをし、7〜8分蒸し焼きにする。
5 ごま油を端からまわし入れ、底面をきつね色に焼く。
6 食べるときに好みのたれを添える。

解凍｜電子レンジで2分30秒

ひき肉とキャベツの重ね煮

冷蔵 3〜4日
冷凍 3週間

野菜と肉がいっしょに食べられる、ボリュームあるひと品

＊汁ごと保存容器に入れると形くずれしない。冷蔵の場合はさらに密閉できる保存袋に入れると、汁もれの心配がない。

● 材料 [2人分]

A ┌ 牛豚ひき肉‥‥‥‥‥‥‥‥‥ 160g
  │ とき卵‥‥‥‥‥‥‥‥‥‥‥ ¼個分
  │ 塩‥‥‥‥‥‥‥‥‥ ミニスプーン⅔強
  └ こしょう・ナツメグ‥‥‥‥ 各少量
キャベツ‥‥‥‥‥‥‥‥‥‥‥‥ 4枚
ミニトマト‥‥‥‥‥‥‥‥‥‥‥ 4個
B ┌ 固形ブイヨン（砕く）‥‥‥‥ ¼個
  │ 水‥‥‥‥‥‥‥‥‥‥‥‥ ¼カップ
  │ 酒‥‥‥‥‥‥‥‥‥‥‥‥ 小さじ2
  │ 塩‥‥‥‥‥‥‥‥‥ ミニスプーン⅔強
  └ こしょう‥‥‥‥‥‥‥‥‥‥ 少量

1人分 261kcal たんぱく質 16.5g 食塩相当量 1.4g

● 作り方

1 ボールにAを入れ、粘りけが出るまで混ぜ合わせる。
2 キャベツは1枚を4つに切る。
3 小さめのなべにキャベツの⅓量を敷き、1の半量をのせる。さらに、キャベツ、1、キャベツの順に重ねる。
4 ミニトマトを縦半分に切って加え、さらにBを混ぜ合わせて加える。ふたをして火にかけ、煮立ったら弱火にして15分ほど煮る。

解凍｜電子レンジで4分30秒

38

1章 たんぱく質メインの宅配ごはん

豚肉 | 鶏肉 | ひき肉 | 牛肉 | 魚 | 魚介類 | 卵 | 大豆・大豆製品

Memo
たれは、酢じょうゆの代わりにポン酢しょうゆ、辣油(ラーユ)の代わりに練りがらしや七味とうがらしなどで。

Memo
生ではかさがあって食べにくいキャベツも、やわらかく煮込めば噛(か)みやすく、たくさん食べることができます。

牛肉のおかず

| 冷蔵 3〜4日 |
| 冷凍 3週間 |

牛肉と玉ねぎとミニトマトのウスターソースいため

いためてくずれたミニトマトが
ほのかな酸味のソース代わりに

※冷蔵の場合は、具が片寄らないように詰める。冷凍の場合は、ふんわり入る大きさの平らな容器にすると解凍しやすい。

● 材料［2人分］

- 牛もも薄切り肉 ……………… 160g
- 塩・こしょう ………………… 各少量
- 玉ねぎ ………………………… 1/4個
- ミニトマト …………………… 6個
- にんにく（薄切り）…………… 2枚
- オリーブ油 …………………… 小さじ1 1/2
- ウスターソース ……………… 大さじ1

1人分 225kcal たんぱく質 16.4g 食塩相当量 1.1g

● 作り方

1 牛肉は一口大に切り、塩、こしょうをふる。玉ねぎは細めのくし形切りにし、ミニトマトは縦半分に切る。

2 フライパンにオリーブ油を熱し、牛肉を広げながら入れていため、肉の色が変わったら玉ねぎ、にんにくを加えていためる。玉ねぎが透き通ってきたら、ミニトマト、ウスターソースを加えていため合わせる。

解凍 電子レンジで2分

1章 たんぱく質メインの宅配ごはん

| 冷蔵 | 3～4日 |
| 冷凍 | 3週間 |

牛肉の野菜巻き焼き

赤と緑の鮮やかな色もごちそう。和風の味つけです

宅配ごはん

＊しっかり牛肉を巻いた形はくずれにくく、持ち運びに向く。

● 材料［2人分］

- 牛もも薄切り肉……… 4枚（160g）
- 塩・こしょう……………… 各少量
- グリーンアスパラガス……………… 4本
- 赤パプリカ……………………… ⅛個
- サラダ油………………………… 小さじ½
- しょうゆ………………………… 小さじ1½
- みりん…………………………… 小さじ1

1人分 199kcal たんぱく質 17.1g 食塩相当量 1.0g

● 作り方

1 アスパラガスは根元側の皮をむき、半分の長さに切る。パプリカは縦にせん切りにする。
2 牛肉は広げて塩、こしょうをふり、アスパラガス、パプリカを等分にのせて巻く。
3 フライパンにサラダ油を熱し、2の巻き終わりを下にして入れ、ときどきころがしながら焼く。焼き色がついたら弱火にし、ふたをして2分ほど蒸し焼きにする。
4 火を消し、しょうゆ、みりんを加え、余熱でからめる。食べやすく切る。

解凍 電子レンジで2分

豚肉 / 鶏肉 / ひき肉 / 牛肉 / 魚 / 魚介類 / 卵 / 大豆・大豆製品

41

牛肉のおかず

| 冷蔵 3〜4日 |
| 冷凍 3週間 |

牛肉となすの さんしょう煮

実ざんしょうがアクセント。
煮汁がしみた肉となすが絶品！

宅配ごはん

＊煮汁ごと保存容器に。なすがつぶれることなく送れる。冷蔵の場合はさらに密閉できる保存袋に。

● 材料 [2人分]

牛もも肉（しゃぶしゃぶ用）……… 160g
なす ……………………………… 2個
A ┌ だし ……………………… ½カップ
　 │ 酒 ………………………… 大さじ1
　 │ 砂糖 ……………………… 大さじ½
　 │ しょうゆ ………………… 小さじ2½
　 └ 実ざんしょう（塩漬け・市販品）
　　　 ………………………… 小さじ1

1人分 208kcal たんぱく質 17.3g 食塩相当量 1.3g

● 作り方

1 牛肉は一口大に切る。なすはへたを除いて皮を縦にしま目にむき、乱切りにして、水にさっとさらす。
2 なべにAを入れて煮立て、1のなすを加えてふたをし、再び煮立ったら弱火にして7〜8分煮る。
3 1の牛肉を加え、さっと煮る。

 電子レンジで4分20秒

Memo
実ざんしょうの塩漬けがなかったら粉ざんしょう少量でも代用できます。しょうがや七味とうがらしでも。

1章 たんぱく質メインの宅配ごはん

冷蔵 3～4日
冷凍 3週間

チンジャオロースー

オイスターソースで本格的に。
竹の子の食感もおいしさをプラス

宅配ごはん

＊保存容器に入れる。形がくずれる心配がないので、密閉できる保存袋に入れてもOK。

●材料 [2人分]

牛もも肉（焼き肉用）	160g
A しょうゆ・酒・かたくり粉	各小さじ1
こしょう	少量
にんにく（薄切り）	1枚
ねぎ	3cm
竹の子	50g
ピーマン	2個
ごま油	小さじ1½
B しょうゆ・酒	各小さじ1
オイスターソース	小さじ½
砂糖	2つまみ
塩・こしょう	各少量

1人分 227kcal たんぱく質 17.4g 食塩相当量 1.3g

●作り方

1. 牛肉は細切りにし、**A**をからめる。にんにく、ねぎ、竹の子、ピーマンはそれぞれせん切りにする。
2. フライパンにごま油を熱し、牛肉、にんにく、ねぎを入れ、ほぐしながらいためる。肉の色が変わったら、竹の子、ピーマンを加えてさらにいため、**B**を加えていため合わせる。

解凍 電子レンジで2分30秒

魚のおかず

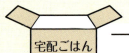

宅配ごはん

体に役立つ栄養も豊富！
魚メインのメニュー

＊冷蔵の場合、魚が宅配中にくずれないよう、保存容器に入れるのが◎。汁けが多い場合、さらに密閉できる保存袋に入れて汁もれを防ぎます。

＊冷凍の場合は密閉できる保存袋のみでもOK。

1食分 675kcal たんぱく質 30.2g 食塩相当量 2.5g

たんぱく質メインの宅配ごはん

1章

豚肉
鶏肉
ひき肉
牛肉
魚
魚介類
卵
大豆・大豆製品

主菜

冷蔵 3〜4 日
冷凍 3 週間

サケの照り焼き

カリッと香ばしくソテーしてから、
余熱でたれをからめます

●材料［2人分］
生ザケ………………… 2切れ（200g）
塩………………………………………少量
サラダ油……………………………小さじ½
しょうゆ・みりん……………各小さじ2
1人分 254kcal たんぱく質 20.4g 食塩相当量 0.9g

●作り方
1 サケは塩をふって5分ほどおき、汁けを
　ふく。
2 フライパンにサラダ油を熱し、中火から
　弱火でサケを4分ほど焼く。裏返して同
　様に焼いて火を消す。しょうゆ、みりん
　を混ぜ合わせて加え、余熱でからめる。

解凍 電子レンジで2分30秒

Memo
照り焼きはブリやカジキでも作れます。
親の好みに合わせてチェンジを。

副菜

冷蔵 3〜4 日
冷凍 3 週間

キャベツと油揚げの
レンジ煮

電子レンジで作る蒸し煮。
和風のだしがしっかりしみています

●材料［2人分］
キャベツ…………………… 2枚（120g）
油揚げ…………………………………¼枚
　　だし…………………………¼カップ
A　しょうゆ…………………小さじ1½
　　みりん……………………小さじ½
1人分 32kcal たんぱく質 1.9g 食塩相当量 0.7g

●作り方
1 キャベツは短冊切りに、油揚げはせん切
　りにする。
2 耐熱容器に1を入れ、Aを加えてラップ
　をふんわりとかけ、電子レンジで2分
　30秒加熱する。
3 2分ほどそのままおいて蒸らし、混ぜ合
　わせる。

解凍 電子レンジで1分20秒

副菜

冷蔵 3 日
冷凍 3 週間

ブロッコリーの
ごまじょうゆあえ

ごまが食べにくい親には
しょうがのみでもOK

●材料［2人分］
ブロッコリー……………………… 100g
A　しょうゆ・すり白ごま……各小さじ1
　　しょうが（すりおろす）…………少量
1人分 24kcal たんぱく質 2.4g 食塩相当量 0.5g

●作り方
1 ブロッコリーは小房に分けてゆで、湯を
　きる。
2 1とAを混ぜ合わせる。

解凍 電子レンジで1分20秒

主食
ごはん…1人分 150g
252kcal たんぱく質 3.8g 食塩相当量 0g

副菜

冷蔵 3〜4 日
冷凍 3 週間

かぼちゃサラダ

かぼちゃの甘味に
ゆずこしょうをピリッときかせて

●材料［2人分］
かぼちゃ…………………… 皮つき150g
　　マヨネーズ…………………… 大さじ1
A　プレーンヨーグルト……… 小さじ2
　　ゆずこしょう…………………… 少量
1人分 114kcal たんぱく質 1.8g 食塩相当量 0.5g

●作り方
1 かぼちゃは種とわたを除き、一口大に切
　る。ラップに包んで電子レンジで3分加
　熱する。あら熱がとれたらフォークなど
　でつぶし、さます。
2 1とAを混ぜ合わせる。

解凍 電子レンジで1分20秒

魚のおかず

| 冷蔵 3〜4日 |
| 冷凍 3週間 |

ギンダラの煮つけ

油がのってこっくりとした味わいの
ギンダラは、食べやすい魚です

宅配ごはん

＊1人分ずつ、ギンダラ、ごぼう、こんぶを保存容器に入れる。

● 材料［2人分］

ギンダラ……………… 2切れ（200g）
ごぼう………………………………80g
しょうが……………………………½かけ
A ┌ こんぶ……………………………4cm
　├ 酒………………………………大さじ2
　├ しょうゆ……………………大さじ1
　├ 砂糖……………………………大さじ½
　└ 水………………………………⅓カップ

1人分 286kcal たんぱく質 15.0g 食塩相当量 1.3g

● 作り方

1 ごぼうは笹がきにして水にさらし、水けをきる。しょうがはせん切りにする。
2 なべにAを入れて煮立て、1、ギンダラを入れ、アルミ箔で落としぶたをして、中火から弱火で10分ほど煮る。
3 こんぶをとり出してせん切りにし、ギンダラ、ごぼうとともに盛り合わせる。

解凍 電子レンジで4分30秒

46

アジの南蛮漬け

冷蔵 3〜4日
冷凍 3週間

ほどよい酢加減と辛味で、さめてもおいしくいただけます

＊電子レンジにかけられる保存容器で調味液を作り、アジを浸して、そのまま送っても。

●材料［2人分］

- アジ（三枚におろす）… 2尾（160g）
- 塩……………………………………少量
- 小麦粉………………………………適量
- 玉ねぎ（薄切り）……………………30g
- しょうが（せん切り）…………½かけ分
- 赤とうがらし（小口切り）………¼本分
- A
  - だし………………………¼カップ
  - 酢…………………………小さじ2
  - しょうゆ………………小さじ2½
  - 砂糖………………………小さじ½
- サラダ油……………………………小さじ2

1人分 151kcal たんぱく質 16.7g 食塩相当量 1.2g

●作り方

1. Aを耐熱容器に入れ、ラップをかけずに電子レンジで30秒加熱し、玉ねぎ、しょうが、とうがらしを加える。
2. アジは一口大に切り、塩をふって小麦粉を薄くまぶす。
3. フライパンにサラダ油を熱してアジを焼き、1に加えて浸す。

解凍 電子レンジで2分30秒

Memo
焼きたてをたれに浸すのがコツ。宅配の間に味がなじんでおいしくなります。耐熱容器は浅いもののほうが、アジが重ならず、味もしみ込みやすいでしょう。

魚のおかず

Memo
サバの代わりにサケ、カジキ、サワラでも作れます。

宅配ごはん

＊サバがくずれないように注意しながら保存容器に入れる。

冷蔵 3〜4日
冷凍 3週間

サバのトマト煮

しょうゆを入れることでこくが出ます

● 材料［2人分］

- サバ……………… 2切れ（160g）
- 塩………………… ミニスプーン½強
- こしょう………………………… 少量
- 玉ねぎ……………………………… ¼個
- 赤パプリカ………………………… ¼個
- にんにく（薄切り）……………… 2枚
- 白ワイン………………………… 小さじ2
- A
  - カットトマト缶…………… 100g
  - しょうゆ………………… 小さじ1/2
  - 水………………………… ¼カップ
  - ロリエ…………………………… ½枚
- オリーブ油……………………… 小さじ1
- 塩・こしょう…………………… 各少量

1人分 250kcal たんぱく質 17.6g 食塩相当量 1.0g

● 作り方

1. サバは1切れを半分に切り、塩、こしょうをふる。
2. 玉ねぎ、にんにくはみじん切りに、パプリカは小さめの乱切りにする。
3. フライパンにオリーブ油を熱し、玉ねぎ、にんにくをいため、ワインを加える。煮立ったらA、サバ、パプリカを加えてふたをし、再び煮立ったら弱火にして10分ほど煮る。塩、こしょうで味をととのえる。

解凍 電子レンジで3分30秒

1章 たんぱく質メインの宅配ごはん

豚肉／鶏肉／ひき肉／牛肉／魚／魚介類/卵/大豆・大豆製品

冷蔵 3〜4日
冷凍 3週間

サバの竜田揚げ

サクッとおいしい！和食でおなじみの揚げ物をカレー風味に

宅配ごはん

＊油をよくきって保存容器へ。冷蔵で送るときは、厚手のキッチンペーパーを敷いてから詰めると容器もべたつかない。

● 材料［2人分］

サバ･････････････････ 2切れ（160g）
A ┌ しょうゆ･･････････････ 小さじ1½
　├ 酒････････････････････ 小さじ1
　├ しょうがの搾り汁･････････ 小さじ½
　└ カレー粉････････････････ 小さじ¼
かたくり粉････････････････････ 適量
揚げ油

1人分 252kcal たんぱく質 16.9g 食塩相当量 0.9g

Memo
サバの代わりにアジ、サケでも作れます。

● 作り方

1 サバは1切れを3等分のそぎ切りにし、Aをからめて15分ほどおく。
2 かたくり粉を薄くまぶし、170℃に熱した揚げ油でカラリと揚げる。

解凍 電子レンジで1分30秒

49

魚のおかず

サワラのみりん焼き

冷蔵 3～4日 / 冷凍 3週間

良質なたんぱく質と青背魚の油で骨や筋肉、血液を健やかに

＊保存容器に入れる。2切れ以上送る場合、くっつかないように1切れずつラップに包んで、いっしょに保存容器に入れても。

● 材料［2人分］

- サワラ……………… 2切れ（200g）
- 塩……………………………… 小さじ¼
- みりん………………………… 小さじ2
- ゆずこしょう………………… 小さじ¼
- グリーンアスパラガス（ゆでる・好みで）
  ………………………………………… 2本

1人分 196kcal たんぱく質 20.5g 食塩相当量 1.1g

Memo
サワラの代わりにサバ、サケでも作れます。

● 作り方

1. サワラは塩をふって5分おく。
2. 汁けをふき、みりん、ゆずこしょうをポリ袋に入れて混ぜる。サワラを入れてなじませて、空気を抜くようにして口を閉じ、1時間ほどおく。
3. 魚焼きグリルで両面を焼く。
4. 食べるときに、アスパラガスを好みで添える。

[解凍] 電子レンジで2分

イワシのかば焼き

冷蔵 3～4日 / 冷凍 3週間

甘辛のたれが絶品！
ごはんにのせて丼物にしても

＊保存容器に入れる。汁けが出ないのが利点。

● 材料［2人分］

- イワシ……………… 大2尾（120g）
- しょうがの搾り汁…………… 小さじ½
- 塩……………………………………… 少量
- 小麦粉………………………………… 適量
- サラダ油……………………… 小さじ2
- A
  - しょうゆ………………… 小さじ2
  - みりん…………………… 小さじ1
  - 砂糖……………………… 小さじ½
- いり白ごま…………………………… 適量

1人分 165kcal たんぱく質 12.3g 食塩相当量 1.2g

● 作り方

1. イワシは頭とわたを除き、手開きにして横半分に切る。しょうがの搾り汁、塩をからめ、小麦粉を薄くまぶす。
2. フライパンにサラダ油を熱し、イワシを入れて両面を焼き、火を消す。Aを混ぜ合わせて加え、余熱でからめ、仕上げにごまをふる。

[解凍] 電子レンジで1分

1章 たんぱく質メインの宅配ごはん

豚肉 / 鶏肉 / ひき肉 / 牛肉 / 魚 / 魚介類 / 卵 / 大豆・大豆製品

51

魚のおかず

冷蔵 3〜4日
冷凍 3週間

ブリの梅しょうが煮

ほのかな甘ずっぱさが
白いごはんとよく合います

● 材料［2人分］

ブリ	2切れ（200g）
梅干し	½個
しょうが	1かけ
A 酒	大さじ3
しょうゆ	小さじ2
砂糖	小さじ1
水	½カップ

1人分 280kcal たんぱく質 21.7g 食塩相当量 0.9g

宅配ごはん

＊煮汁ごと保存容器に入れる。冷蔵の場合は、さらに密閉できる保存袋に入れる。

● 作り方

1 ブリは1切れを3等分のそぎ切りにし、熱湯をかける。梅干しは大きめにちぎり、しょうがはせん切りにする。

2 なべにAを入れて煮立て、1を入れ、アルミ箔で落としぶたをして、中火から弱火で10分ほど煮る。

解凍 電子レンジで2分30秒

52

カジキの香味焼き

冷蔵 3〜4日
冷凍 3週間

淡泊な味わいのカジキに豊かな風味をからめて焼くだけ

＊まるごと入る保存容器に入れる。

● 材料 [2人分]

メカジキ……………… 2切れ（200g）
塩……………………………………… 少量
A ┌ 赤とうがらし………………… 1/4本
　│ にんにく（薄切り）………… 1枚
　│ すり白ごま・みりん……… 各小さじ1/2
　└ しょうゆ………………… 小さじ1 1/2

1人分 156kcal たんぱく質 19.4g 食塩相当量 0.7g

● 作り方

1 カジキは塩をふり、5分ほどおく。赤とうがらしは水でもどしてみじん切りにし、にんにくもみじん切りにする。
2 カジキの汁けをふきとり、Aといっしょにポリ袋に入れ、空気を抜くようにして口を閉じ、1時間ほどおく。
3 魚焼きグリルで両面を焼き、火を通す。

解凍 電子レンジで2分

Memo
赤とうがらしの代わりに、一味とうがらし少量にしても作れます。

魚介類のおかず

宅配ごはん

うま味がたっぷり！
魚介類メインのメニュー

＊魚介類はくせのない味で、作りおきしても風味が落ちにくいのが利点。

＊加熱すると身がしまるので、ソースをからめる、とろみをつける、切り方にくふうするなどして食べやすく。

1食分 563kcal たんぱく質 34.7g 食塩相当量 2.3g

主菜

冷蔵 3〜4日／冷凍 3週間

エビグラタン

カルシウム源の牛乳とチーズがおいしくとれます

● 材料［2人分］

無頭エビ	150g
塩・こしょう	各少量
マカロニ	乾80g
玉ねぎ	40g
しめじ類	50g
バター	大さじ1（12g）
小麦粉	大さじ3
牛乳	1¾カップ
ロリエ	½枚
塩	小さじ⅓
こしょう	少量
とろけるタイプのチーズ	40g

1人分 524kcal たんぱく質 33.2g 食塩相当量 2.1g

● 作り方

1. エビは背わたを除いて殻と尾を除き、塩、こしょうをふる。マカロニは袋の表示に従ってゆで、湯をきる。玉ねぎはせん切りにし、しめじはほぐす。
2. フライパンにバターをとかして玉ねぎをいため、しんなりとなったら小麦粉を加え、焦がさないようにいためる。牛乳を加えて混ぜとかし、ロリエを入れ、とろみがついたら、エビ、マカロニ、しめじを加えて煮立て、塩、こしょうで味をととのえる。
3. 天板にアルミ箔を敷き、サラダ油少量を薄く塗って**2**を流し入れ、チーズをかけて220℃に熱したオーブンで10分ほど焼く。
4. さめたら、切り分けて保存容器に入れる。

解凍 電子レンジで5分30秒

Memo
宅配向きに、ぽってりとしたかためのホワイトソースを作ります。浅めの容器に入れると解凍も温め直しもしやすい。

副菜

冷蔵 3〜4日／冷凍 3週間

ゆで野菜のドレッシングかけ

ドレッシングは親の家にある好みのものでOK！

● 材料［2人分］

グリーンアスパラガス	3本
キャベツ	1枚
カリフラワー（小房に分ける）	50g
好みのドレッシング	適量※

1人分 39kcal たんぱく質 1.5g 食塩相当量 0.2g

※写真はフレンチドレッシング小さじ2に粒入りマスタード小さじ¼を混ぜたもの。

● 作り方

1. 野菜はそれぞれゆでて食べやすく切る。
2. 食べるときにドレッシングをかける。

解凍 電子レンジで1分20秒

Memo
もう一品ほしいときや野菜不足を感じているときなど、いつも冷蔵庫にゆで野菜があるとなにかと重宝します。さっととり出して食べることができ、送る側も作るのが簡単です。
宅配におすすめのゆで野菜とディップ＆ソースのレシピは92〜93ページを参考にしてください。

魚介類のおかず

*できるだけ重ならないように保存容器に入れると、むらなく温め直しも解凍もできる。

| 冷蔵 3〜4日 |
| 冷凍 3週間 |

エビの青じそマヨいため

マヨネーズは味つけといため油兼用。
青じその風味がきいています

● 材料 [2人分]

- 無頭エビ……………………200g
- 塩……………ミニスプーン2/3強
- こしょう……………………少量

青じそ……………………………5枚
マヨネーズ……………………大さじ1

1人分 134kcal たんぱく質 19.8g 食塩相当量 1.0g

● 作り方

1 エビは背わたを除いて殻と尾を除き、塩、こしょうをふる。青じそはあらく刻む。
2 フライパンにマヨネーズを入れて火にかけ、とけてきたらエビを入れていため、火が通ったら青じそを加えてさっといためる。

解凍 電子レンジで2分

| 冷蔵 | 3〜4日 |
| 冷凍 | 3週間 |

エビのチリソースいため

豆板醤(とうばんじゃん)の香りと辛味が食欲をそそります

＊たれをよくからめて保存容器に入れる。

● 材料 [2人分]

無頭エビ	200g
A ┌ 酒・かたくり粉	各小さじ1
└ 塩・こしょう	各少量
ごま油	小さじ2
にんにく・しょうが（各みじん切り）	各¼かけ分
ねぎ（みじん切り）	3cm分
豆板醤	小さじ⅓
B ┌ トマトケチャップ	大さじ1
│ 酒	小さじ2
│ しょうゆ	小さじ1
│ 酢	小さじ½
└ 砂糖	小さじ¼

1人分 158kcal たんぱく質 20.1g 食塩相当量 1.5g

● 作り方

1 エビは殻と尾を除き、背に切り目を入れて背わたを除き、Aをもみ込む。
2 フライパンにごま油を熱し、エビ、にんにく、しょうが、ねぎを入れていため、豆板醤を加えてさらにいためる。Bを混ぜ合わせて加え、いため合わせる。

解凍　電子レンジで2分

57

魚介類のおかず

冷蔵 3日
冷凍 3週間

ホタテと青梗菜のクリーム煮

牛乳とかたくり粉を使った、あっさり味のクリーム煮

※ホタテをくずさないように煮汁ごと保存容器に入れる。冷蔵の場合は、さらに密閉できる保存袋に入れる。

● 材料［2人分］

- ホタテガイ貝柱 ……………… 200g
- 塩・こしょう ………………… 各少量
- 青梗菜 …………………… 大1株（100g）
- しょうが（薄切り）………………… 2枚
- サラダ油 …………………… 小さじ2
- A
  - 牛乳 …………………… ½カップ
  - 酒 ……………………… 大さじ1
  - 塩 ……………………… ミニスプーン1
  - こしょう ……………………… 少量
- かたくり粉 …………………… 小さじ1½
- 水 ……………………… 大さじ1

1人分 181kcal たんぱく質 18.9g 食塩相当量 1.2g

● 作り方

1 ホタテは厚みを半分に切り、塩、こしょうをふる。青梗菜は3cm長さに切り、しょうがはせん切りにする。

2 フライパンにサラダ油を熱し、1を入れていため、Aを加えて煮立て、水どきかたくり粉でとろみをつける。

解凍 電子レンジで3分

58

1章 たんぱく質メインの宅配ごはん

| 冷蔵 3〜4日 |
| 冷凍 3週間 |

ホタテとアスパラガスの塩いため

食感の違いが楽しめます。
味つけはシンプルに

宅配ごはん

＊アスパラガスは冷凍もOK。具は均等に散らして詰めると、むらなく温め直しも解凍もできる。

● 材料［2人分］

　ホタテガイ貝柱‥‥‥‥‥‥‥‥200g
　塩・こしょう‥‥‥‥‥‥‥‥各少量
グリーンアスパラガス‥‥‥‥‥‥100g
にんにく（薄切り）‥‥‥‥‥‥‥‥1枚
オリーブ油‥‥‥‥‥‥‥‥‥‥小さじ2
塩‥‥‥‥‥‥‥‥‥‥ミニスプーン1/2強
あらびき黒こしょう‥‥‥‥‥‥‥少量

1人分 137kcal たんぱく質 18.3g 食塩相当量 0.8g

● 作り方

1 ホタテは半月切りにし、塩、こしょうをふる。アスパラガスは根元側の皮をむき、斜めに7〜8mm長さに切る。にんにくはみじん切りにする。

2 フライパンにオリーブ油を熱し、1を入れていため、塩、こしょうで味をととのえる。

解凍 電子レンジで2分

Memo
ホタテが食べにくい場合は、隠し包丁を入れると噛みやすくなります。

豚肉 / 鶏肉 / ひき肉 / 牛肉 / 魚 / 魚介類 / 卵 / 大豆・大豆製品

宅配ごはん

卵料理は朝ごはんにぴったり！
卵メインのメニュー

* だし巻き卵やシンプルなオムレツは冷凍ができます。

* 白身は冷凍に向かないので、ゆで卵は冷蔵で。調味液をからめると、宅配中も味がなじんで美味です。

卵のおかず

1食分 608kcal たんぱく質 25.1g 食塩相当量 3.7g

1章 たんぱく質メインの宅配ごはん

主菜

冷蔵 3〜4日 / 冷凍 3週間

卵焼き

定番の卵焼きです。
甘味は、ご家庭によって調整を

● 材料［作りやすい分量・3人分］

卵	3個（150g）
A だし	大さじ1½
砂糖	大さじ1
酒	小さじ2
塩	ミニスプーン1
しょうゆ	2〜3滴
サラダ油	少量

1人分 96kcal たんぱく質 6.2g 食塩相当量 0.6g

● 作り方

1. 卵は割りほぐし、Aを加え混ぜる。
2. 卵焼き器にサラダ油を塗って熱し、1を適量入れ、半熟状になったら手前から巻く。同様に数回、くり返して焼く。

解凍 電子レンジで1分40秒

Memo
卵焼き器がなければ、小さいフライパンでも作ることができます。

副菜

冷蔵 3日 / 冷凍 3週間

ほうれん草のバターいため

ほうれん草には鉄やビタミン類が豊富。しょうゆを隠し味に

● 材料［2人分］

ほうれん草	150g
バター	小さじ1½
しょうゆ	小さじ1
こしょう	少量

1人分 40kcal たんぱく質 1.9g 食塩相当量 0.6g

● 作り方

1. ほうれん草は2cm長さに切る。
2. フライパンにバターをとかし、ほうれん草をいためて、しょうゆ、こしょうで味をととのえる。

解凍 電子レンジで2分

冷蔵 3〜4日

貝割れ菜と油揚げ、わかめのみそ玉みそ汁

作り方は122ページ
1人分 124kcal たんぱく質 8.5g 食塩相当量 1.8g

Memo
食べるときに、みそ玉と具を汁わんに入れて、熱湯¾カップを注ぎます。送るさいに作り方をつけるとよいでしょう。

副菜

冷蔵 3〜4日 / 冷凍 3週間

切り干し大根とひじきのサラダ

2種の乾物を組み合わせて。
食物繊維がしっかりとれます

● 材料［2人分］

切り干し大根	乾10g
ひじき	小さじ½（乾0.5g）
ハムの薄切り	1枚（12g）
A 酢・オリーブ油	各小さじ1
塩・こしょう	各少量

1人分 47kcal たんぱく質 1.5g 食塩相当量 0.4g

● 作り方

1. 切り干し大根、ひじきは水でもどす。切り干し大根は水けを絞って食べやすい長さに切り、ひじきはさっとゆでて湯をきる。ハムはせん切りにする。
2. 1とAを混ぜ合わせる。

解凍 電子レンジで1分20秒

主食
ごはん…1人分 150g
252kcal たんぱく質 3.8g 食塩相当量 0g

冷蔵 3日

卵焼きバリエーション

卵のおかず

キャベツとサクラエビの卵焼き

キャベツの歯ごたえが心地よい！
黄と緑、赤の彩りもきれいです

● 材料［作りやすい分量・3人分］

卵	3個（150g）
キャベツ	1枚（60g）
サクラエビ	小さじ1
A　だし	大さじ1½
酒	大さじ½
砂糖	小さじ2
塩	ミニスプーン1
サラダ油	少量

1人分 96kcal たんぱく質 6.6g 食塩相当量 0.6g

● 作り方

1 キャベツはせん切りにし、ラップに包んで電子レンジで1分加熱する。サクラエビは刻む。
2 ボールに卵を割りほぐし、Aを加えて混ぜ、1を加えて混ぜ合わせる。
3 卵焼き器にサラダ油を塗って熱し、2を適量入れ、半熟状になったら手前から巻く。同様に数回、くり返して焼く。

タラコとのりの卵焼き

タラコでちょうどよい塩加減に。
ごはんにもお酒にもよく合います

● 材料［作りやすい分量・3人分］

卵	3個（150g）
A　だし	大さじ1½
砂糖・酒	各小さじ2
塩	ミニスプーン⅔強
タラコ	30g
焼きのり	全型½枚
サラダ油	少量

1人分 107kcal たんぱく質 8.8g 食塩相当量 1.0g

● 作り方

1 ボールに卵を割りほぐし、Aを加えて混ぜ、タラコをほぐして加えて混ぜ合わせる。
2 卵焼き器にサラダ油を塗って熱し、1を適量入れて、のりをちぎって散らし、半熟状になったら手前から巻く。同様に数回、くり返して焼く。

ほうれん草とえのきたけの卵焼き

緑黄色野菜ときのこの
具だくさんな卵焼きです

● 材料［作りやすい分量・3人分］

卵	3個（150g）
ほうれん草	50g
えのきたけ	40g
A　だし	大さじ1½
砂糖・酒	小さじ2
塩	小さじ¼
サラダ油	少量

1人分 98kcal たんぱく質 6.8g 食塩相当量 0.7g

● 作り方

1 ほうれん草、石づきを除いたえのきたけはそれぞれゆで、ほうれん草は水にとって絞り、えのきたけはざるにあげて湯をきり、各2cm長さに切る。
2 ボールに卵を割りほぐし、Aを加えて混ぜ、1を加えて混ぜ合わせる。
3 卵焼き器にサラダ油を塗って熱し、2を適量入れ、半熟状になったら手前から巻く。同様に数回、くり返して焼く。

1章 たんぱく質メインの宅配ごはん

味つきゆで卵

冷蔵 3〜4日

そのまま食べられるたんぱく質源。
もう一品ほしいときにも重宝

● 材料［2人分］

卵	2個（100g）
A／だし	1/4カップ
／しょうゆ	小さじ2
＼みりん	小さじ1

1人分 85kcal たんぱく質 6.6g 食塩相当量 0.9g

● 作り方

1 卵は室温にもどし、沸騰湯に静かに入れて8分ゆで、水にとってさまし、殻をむく。
2 小なべにAを入れて火にかけ、煮立ったら火を消し、卵を入れてそのままさめるまでおく。ポリ袋に入れ、冷蔵庫におく。

宅配ごはん

＊ポリ袋に入れたまま保存容器に入れても。宅配中に味がしみ込みます。

味つきゆで卵バリエーション

冷蔵 3〜4日

ゆで卵のカレーソースづけ

ブイヨンとウスターソースでしっかり味がついています

● 材料［2人分］

卵	2個（100g）
熱湯	大さじ2
固形ブイヨン	1/8個
ウスターソース	大さじ1
カレー粉	少量

1人分 85kcal たんぱく質 6.2g 食塩相当量 0.9g

● 作り方

1 卵は室温にもどし、沸騰湯に静かに入れて8分ゆで、水にとってさまし、殻をむく。
2 熱湯にブイヨンを入れてとかし、ソース、カレー粉を加え混ぜ、卵といっしょにポリ袋に入れてから、冷蔵庫におく。

ゆで卵のケチャップしょうゆづけ

洋風味のゆで卵は、パンにはさんで食べても美味

● 材料［2人分］

卵	2個（100g）
A／だし	大さじ2
／トマトケチャップ	大さじ1
／しょうゆ	小さじ1
＼砂糖	小さじ1/4

1人分 87kcal たんぱく質 6.5g 食塩相当量 0.8g

● 作り方

1 卵は室温にもどし、沸騰湯に静かに入れて8分ゆで、水にとってさまし、殻をむく。
2 ポリ袋にAを混ぜ合わせ、卵を入れてからめ、冷蔵庫におく。

ゆで卵のみそづけ

ごま油の風味がきいた変わりづけです

● 材料［2人分］

卵	2個（100g）
A／みそ	小さじ1 1/2
／みりん	小さじ1
＼ごま油	小さじ1/2

1人分 95kcal たんぱく質 6.6g 食塩相当量 0.6g

● 作り方

1 卵は室温にもどし、沸騰湯に静かに入れて8分ゆで、水にとってさまし、殻をむく。
2 ポリ袋にAを混ぜ合わせ、卵を入れてからめ、冷蔵庫におく。

卵のおかず

|冷蔵 3〜4日|
|冷凍 3週間|

ミートオムレツ
ひき肉と玉ねぎの
おなじみのオムレツ

＊保存容器に入れる。具の玉ねぎは冷凍もOK。

●材料［2人分］

卵	2個（100g）
豚ひき肉	50g
玉ねぎ	¼個
バター	小さじ1
塩・こしょう	各少量
オリーブ油	小さじ1

1人分 178kcal たんぱく質 10.9g 食塩相当量 0.6g

●作り方

1 玉ねぎはみじん切りにする。
2 フライパンにバターをとかし、1、ひき肉を入れていため、塩、こしょうをふる。
3 ボールに卵を割りほぐし、2を加えて混ぜ合わせる。
4 小さめのフライパンにオリーブ油小さじ½を熱し、3の半量を流し入れて半熟状になるまでかき混ぜ、半分に折って焼き皿にとる。残りも同様に作る。

解凍 電子レンジで1分30秒

オムレツバリエーション

ほうれん草とチーズのオムレツ

卵のたんぱく質とチーズのカルシウムをいっしょにとることができます

●材料［2人分］

卵	2個（100g）
ほうれん草	100g
塩・こしょう	各少量
A とろけるタイプのチーズ	20g
塩・こしょう	各少量
オリーブ油	小さじ2

1人分 161kcal たんぱく質 10.1g 食塩相当量 0.6g

●作り方

1 ほうれん草は2cm長さに切り、フライパンにオリーブ油小さじ1を熱していため、塩、こしょうをふる。
2 ボールに卵を割りほぐし、1、Aを加えて混ぜ合わせる。小さめのフライパンに残りのオリーブ油を熱して流し入れ、半熟状になるまでかき混ぜ、半分に折って焼く。

ズッキーニとベーコンのオムレツ

ズッキーニの食感とにんにくの香りを楽しむオムレツです

●材料［2人分］

卵	2個（100g）
ズッキーニ（輪切り）	½本（80g）
ベーコン（角切り）	½枚（8.5g）
にんにく（みじん切り）	少量
塩・こしょう	各少量
A 塩	ミニスプーン½強
こしょう	少量
オリーブ油	小さじ1

1人分 117kcal たんぱく質 7.3g 食塩相当量 0.8g

●作り方

1 フライパンにベーコンを入れて熱し、ズッキーニ、にんにくを加えていため、塩、こしょうをふる。
2 ボールに卵を割りほぐし、1、Aを加えて混ぜ合わせる。
3 小さめのフライパンにオリーブ油を熱して2を流し入れ、半熟状になるまでかき混ぜ、半分に折って焼く。

じゃが芋とブロッコリーのオムレツ

野菜がたっぷり入って、満足感も高まります

●材料［2人分］

卵	2個（100g）
じゃが芋	小1個（50g）
ブロッコリー（小房に分ける）	50g
玉ねぎ（みじん切り）	30g
オリーブ油	小さじ2
塩・こしょう	各少量
A 塩	小さじ¼
こしょう	少量

1人分 146kcal たんぱく質 7.8g 食塩相当量 1.1g

●作り方

1 じゃが芋はラップに包んで電子レンジで2分30秒加熱し、皮をむいていちょう切りにする。ブロッコリーはラップに包んで電子レンジで40秒加熱し、あらく切る。
2 フライパンにオリーブ油小さじ1を熱して玉ねぎをいため、1を加えてさらにいため、塩、こしょうをふる。
3 ボールに卵を割りほぐし、2、Aを加えて混ぜ合わせる。小さめのフライパンに残りのオリーブ油を熱して流し入れ、半熟状になるまでかき混ぜ、半分に折って焼く。

大豆・大豆製品のおかず

ゆで大豆のマリネ

冷蔵 3〜4日
冷凍 3週間

調味料をからめるだけ。
和風の簡単マリネです

●材料［2人分］

ゆで大豆……………………………80g
生しいたけ……………………………2枚
A ┌ だし………………………………大さじ2
　├ しょうゆ・オリーブ油……各小さじ1
　├ みりん…………………………小さじ½
　└ 削りガツオ……………………¼袋（1g）

1人分 84kcal たんぱく質 6.6g 食塩相当量 0.2g

Memo
一晩おくと、味がなじんでさらにおいしくなるので宅配ごはん向きです。

宅配ごはん

＊中身を平らに詰めると、むらなく温め直しも解凍もできる。

●作り方

1 しいたけは石づきを除き、魚焼きグリルで焼いて薄切りにする。
2 Aを混ぜ合わせ、1と大豆を加えてからめる。

 解凍 電子レンジで1分30秒

1章 たんぱく質メインの宅配ごはん

冷蔵 3～4日

豆腐と豚肉の煮物

やわらかくて食べやすい、しゃぶしゃぶ用の肉を使います

宅配ごはん

＊汁けが多いので、密閉できる保存袋に入れてから保存容器に。豆腐の形がくずれるのも防ぐ。

● 材料［2人分］

豚ロース肉（しゃぶしゃぶ用）……… 50g
もめん豆腐……………………… 200g
ねぎ…………………………… 1/3本
サラダ油……………………… 小さじ1
A ┌ だし………………………… 1/2カップ
　├ しょうゆ・酒……………… 小さじ2
　└ 砂糖……………………… 小さじ1

1人分 172kcal たんぱく質 12.0g 食塩相当量 0.7g

● 作り方

1 豚肉は半分に切る。豆腐は食べやすい大きさに切り、ねぎは斜め薄切りにする。
2 なべにサラダ油を熱してねぎをいため、Aを加えて煮立ったら豆腐を加え、ふたをする。再び煮立ったら弱火にして7～8分煮る。
3 豚肉を加え、さらに2～3分煮る。

豚肉／鶏肉／ひき肉／牛肉／魚／魚介類／卵／大豆・大豆製品

67

大豆・大豆製品のおかず

おからのいり煮

冷蔵 3〜4日／冷凍 3週間

おからはカルシウムと食物繊維の宝庫。ほっとする和の総菜です

＊レシピは作りやすい分量ですが、冷凍で送るときは1〜2人分に小分けを。むらなく解凍できる。

● 材料 [2人分×2回]

おから	100g
ねぎ	4cm
にんじん	30g
生しいたけ	1枚
サクラエビ	大さじ1
サラダ油	小さじ1
A　だし	¾カップ
砂糖	大さじ1
しょうゆ・酒	各小さじ2
塩	少量

1人分 54kcal たんぱく質 2.3g 食塩相当量 0.4g

● 作り方

1. ねぎは小口切りに、にんじんはせん切りにする。しいたけは石づきを除いて半分に切り、薄く切る。サクラエビは刻む。
2. フライパンにサラダ油を熱し、ねぎをいためて香りが立ったら、にんじん、しいたけを加えていため、サクラエビ、おからを加えていため合わせる。
3. Aを加え、混ぜながら加熱して汁けをとばす。

[解凍] 電子レンジで1分10秒（2人分の場合）

Memo
作り方3で、好みのしっとり加減に仕上げます。

油揚げの肉詰め焼き

冷蔵 3〜4日／冷凍 3週間

春菊を入れてほろ苦さをプラス。カリッとした焼き目もごちそう

＊食べやすく切り分けて保存容器に入れる。

● 材料 [2人分]

油揚げ	1枚（30g）
豚ひき肉	100g
春菊	50g
ねぎ	3cm
A　しょうゆ・酒	各小さじ1
しょうが（すりおろす）	少量

1人分 190kcal たんぱく質 13.2g 食塩相当量 0.5g

● 作り方

1. 春菊はさっとゆでて細かく刻み、ねぎはみじん切りにする。
2. ひき肉とAを合わせて練り混ぜ、粘りけが出たら1を加えて混ぜ合わせる。
3. 油揚げを半分に切って開き、2を詰め、平らにする。
4. フライパンに3を並べ入れ、ふたをして中火から弱火で5分焼き、裏返してさらに5分焼く。

[解凍] 電子レンジで2分

Memo
味が足りなければ、ポン酢しょうゆやからしじょうゆなどを好みでつけて。

一章 たんぱく質メインの宅配ごはん

豚肉 / 鶏肉 / ひき肉 / 牛肉 / 魚 / 魚介類 / 卵 / 大豆・大豆製品

69

こんなケースの
アイデア集

ケース1

家事のできない
ひとり暮らしの父に送る

ひとり暮らしで家事に慣れていない親には、まず簡単に食べられることを重視しましょう。台所に立ったことがないという人も、電子レンジが使えるようになるだけで食事の楽しみが広がります。

電子レンジでの温め方をわかりやすく

「お弁当スタイル」のおかずを冷蔵で送った場合、そのまま食べてもよいのですが、電子レンジで約1分、様子を見ながら温め直すとさらに美味。冷凍の場合は、冷蔵庫に半日ほどおいて解凍してから、電子レンジで同様に温めてもらいます。温め方もきちんと親に伝えましょう。

お弁当スタイルに詰める

偏ることなく、栄養バランスよく食べてもらうには、1つの保存容器に複数のおかずを盛り合わせた「お弁当スタイル」にするのも一案。肉や魚、大豆料理など主菜になるおかずを1種類、野菜やきのこなど副菜を2〜3種類詰めます。保存容器は400mlくらいの大きさが最適です。

白いごはんは市販品を利用しても

本書では「具だくさんごはん」を紹介していますが（118〜121ページ）、白いごはんは親に炊いてもらう設定にしています。炊飯がむずかしい場合、ごはんを冷凍して送るのも手ですが、市販のパック入りのごはんが便利です。常温で送ることができるので、おかずとは別便で送ります。

使いやすい電子レンジを親に贈る！

近ごろの電子レンジは多機能で使いこなせない、時間の表示が見えないといった親世代の声を聞きます。その場合、温めるだけのシンプルなものに買いかえるという方法も。昔ながらの、ダイヤルで加熱時間が設定できる機種なら、加熱時間の目印をつけておくなどのくふうもできます。

70

2章

食べやすい野菜とお芋の宅配ごはん

1日3食しっかり食べたい野菜と、腹もちのよいお芋。箸休めに、もう一品ほしいときになど、なにかと重宝する野菜やお芋の副菜です。和の定番の煮物やいため物のほか、洋風の白あえやナムルなど、いつもの料理にちょっとした変化をつけています。

葉物のおかず

宅配ごはん

＊一部を除き、野菜と芋は冷凍に不向き。
＊保存容器か、形がくずれる心配がないものは密閉できる保存袋に。袋はかさばらない。

| 冷蔵 3〜4日 | **キャベツとウインナの青のりいため** |

味つけは塩だけ。青のりで風味をつけます

● 材料

キャベツ……………………………… 2枚
ウインナソーセージ………………… 2本
サラダ油……………………… 小さじ1½
青のり………………………… 小さじ1½
塩……………………… ミニスプーン⅔強

1人分 107kcal 食塩相当量 0.9g

● 作り方

1 キャベツは食べやすい大きさに切り、ウインナソーセージは斜め薄切りにする。
2 フライパンにサラダ油を熱し、ウインナをいため、キャベツを加えてさらにいため、青のり、塩をふっていため合わせる。

Memo
ウインナは味がしっかりついているので、調味の塩は控えめに。

白菜とアサリの煮物

冷蔵 3〜4日

白菜の甘味とアサリのうま味が絶品！缶汁もだしがわりに使います

宅配ごはん

＊汁けが多いので、密閉できる保存袋に入れて。

● 材料

白菜………………………… 200g
アサリ水煮缶……………… 1缶（85g）
A ┌ だし…………………… ⅓カップ
  │ みりん………………… 小さじ2
  └ 塩……………… ミニスプーン½強
  ┌ かたくり粉…………… 小さじ1
  └ 水……………………… 小さじ3

1人分 75kcal 食塩相当量 0.6g

Memo
白菜の代わりに青梗菜（ちんげんさい）、キャベツ、大根でもおいしく作れます。

● 作り方

1 白菜は短冊切りにする。
2 なべにAを入れて煮立て、白菜を加え、アサリを缶汁ごと加えてふたをする。再び煮立ったら弱火にして7〜8分煮る。
3 水どきかたくり粉でとろみをつけ、ひと煮立ちさせる。

葉物のおかず

宅配ごはん

小松菜の煮浸し

冷蔵 3〜4日

定番の油揚げのかわりに食べごたえのあるさつま揚げを使って

● 材料 [2人分]

小松菜……………………………… 150g
さつま揚げ………………… 1枚（40g）
A ┌ だし……………………………½カップ
  └ しょうゆ・みりん………各小さじ1

1人分 44kcal 食塩相当量 0.7g

● 作り方

1 小松菜はゆでて2cm長さに切り、さつま揚げはさっと湯通しして、薄切りにする。
2 なべにAを入れて煮立て、1を加えてふたをし、再び煮立ったら弱火にして5〜6分煮る。

Memo
小松菜の代わりに青梗菜、キャベツ、白菜でもおいしく作れます。

Memo
冷たいままでおいしいおかずです。

宅配ごはん

コールスローサラダ

冷蔵 3〜4日

キャベツがしんなりとなって食べやすい、まろやかな酸味のサラダ

● 材料 [2人分]

キャベツ………………… 2枚（120g）
 ┌ 玉ねぎ………………………………10g
 └ 塩………………………………小さじ¼
ホールコーン缶………………………40g
A ┌ 酢……………………………… 大さじ1
  │ サラダ油………………… 小さじ1½
  └ 砂糖…………………………小さじ½

1人分 65kcal 食塩相当量 0.9g

● 作り方

1 玉ねぎは薄切りに、キャベツは太めのせん切りにする。
2 ボールに玉ねぎ、塩を入れて混ぜ、しんなりとなったら、キャベツ、ホールコーン、Aを加えて混ぜ合わせる。

74

2章 食べやすい野菜とお芋の宅配ごはん

果菜類のおかず

冷蔵 3〜4日	ブロッコリーの ガーリック蒸し焼き

ブロッコリーは蒸し焼きにして歯ごたえを生かします

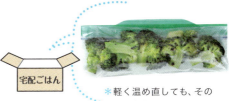

宅配ごはん

＊軽く温め直しても、そのまま食卓に並べてもOK。

● 材料［2人分］

ブロッコリー……………………… 100g
にんにく（薄切り）………………… 2枚
オリーブ油………………………… 小さじ1
塩………………………… ミニスプーン½強
こしょう…………………………… 少量

1人分 37kcal 食塩相当量 0.4g

Memo
材料が少ないので、フライパンは小さいものを使うと、うまく蒸し焼きにできます。

● 作り方

1 ブロッコリーは小房に分け、大きいものはさらに縦に薄く切る。
2 フライパンにオリーブ油を熱し、ブロッコリー、にんにくを入れ、塩、こしょうをふって混ぜる。ふたをし、弱火で7〜8分蒸し焼きにする。

葉物

果菜類

根菜

お芋

果菜類のおかず

宅配ごはん

冷蔵 3〜4日

セロリのおかか煮

セロリを和風味のさっと煮に。
量もしっかり食べられます

●材料［2人分］

セロリの茎	1本（100g）
A 削りガツオ	½袋（2g）
酒	小さじ2
しょうゆ	小さじ1
砂糖	小さじ¼
水	⅓カップ

1人分 20kcal 食塩相当量 0.5g

●作り方

1 セロリは筋を除き、食べやすい大きさに切る。
2 なべにAを入れて煮立て、1を入れてふたをし、弱火にして5〜6分煮る。

Memo
軽く温め直しても、そのまま食卓に並べてもOK。

宅配ごはん

冷蔵 3〜4日

セロリのナムル

セロリにさっと湯をかけ、
心地よい食感を残します

●材料［2人分］

セロリの茎と葉	½本（50g）
A いり白ごま	小さじ½
塩・粉とうがらし	各少量
ごま油	小さじ1

1人分 26kcal 食塩相当量 0.3g

●作り方

1 セロリの茎は筋を除き、斜め薄切りにする。葉は食べやすい大きさに切る。ざるに広げ、熱湯をまわしかける。
2 さめたら水けを絞り、ボールに入れてAを加え混ぜる。

Memo
冷たいままでおいしいおかずです。

2章 食べやすい野菜とお芋の宅配ごはん

葉物／果菜類／根菜／お芋

宅配ごはん

冷蔵 3〜4日
冷凍 3週間

さやいんげんのいため煮

さやいんげんのほのかな甘味に油揚げのこくがほどよく加わります

●材料［2人分］
さやいんげん……………………100g
油揚げ……………………………½枚
サラダ油…………………………小さじ1
A ┌ だし………………………⅓カップ
  │ 酒…………………………小さじ2
  │ しょうゆ…………………小さじ1
  └ 砂糖………………………小さじ½

1人分 57kcal 食塩相当量 0.3g

●作り方
1 さやいんげんは筋とへたを除き、4〜5cm長さに切る。油揚げは熱湯をかけて油抜きをし、短冊切りにする。
2 なべにサラダ油を熱し、さやいんげんをいため、Aを加えて煮立ったら油揚げを加えてふたをし、弱火で5〜6分煮る。

Memo
軽く温め直しても、そのまま（冷凍便なら解凍後）食卓に並べてもOK。さやいんげんのかわりにスナップえんどうでもおいしく作れます。

解凍 電子レンジで1分

Memo
冷たいままでおいしいおかずです。
ちりめんじゃこのかわりにシラス干しを使ってもよいです。

宅配ごはん

冷蔵 3〜4日
冷凍 —

さやいんげんとちりめんじゃこの七味いため

ちりめんじゃことごま油の香りがふくよか。辛さは好みで調整を

●材料［2人分］
さやいんげん……………………100g
ちりめんじゃこ…………………大さじ2
ごま油……………………………小さじ1
酒…………………………………小さじ2
塩・七味とうがらし……………各少量

1人分 44kcal 食塩相当量 0.4g

●作り方
1 さやいんげんは筋とへたを除き、斜めに薄く切る。
2 フライパンにごま油を熱し、ちりめんじゃこをいため、さやいんげんを加えてさっといため、酒をふってふたをする。弱火にして2〜3分、ときどき混ぜながら蒸し焼きにする。
3 塩と七味とうがらしで味をととのえる。

77

果菜類のおかず

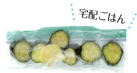

宅配ごはん

冷蔵 3～4日

きゅうりの和風ピクルス

きゅうりに切り目を入れて食べやすく、味もしみ込みやすい

● 材料［4人分］

きゅうり……………………… 2本（180g）
塩………………………………… 小さじ⅓
A ［水……⅓カップ　酢………¼カップ
　　砂糖…大さじ2　しょうゆ…大さじ½］
しょうが（薄切り）………………… 3枚
こんぶ…… 5㎝　赤とうがらし……… ½本

1人分 16kcal 食塩相当量 0.7g

● 作り方

1 きゅうりは斜めに切り目を入れて一口大に切り、塩をふり混ぜる。
2 なべにAを入れて煮立て、火を消してそのほかの全材料と1を加えて混ぜる。

Memo
調味液ごと密閉できる保存袋へ。宅配中に味がしみ込みます。
冷たいままでおいしいおかずです。

宅配ごはん

冷蔵 3～4日

なすとみょうがのだしづけ

夏野菜をだし汁につけてさっぱりと。そうめんにのせてもおいしいです

● 材料［2人分］

なす…………………………… 2本（160g）
みょうが………………………………… 1個
A ［だし……………………………¼カップ
　　みりん……………………………小さじ½
　　塩……………………………ミニスプーン1］

1人分 22kcal 食塩相当量 0.5g

● 作り方

1 なすは皮をむき、1本ずつラップに包んで電子レンジで3分加熱する。さめたら2㎝幅の輪切りにする。みょうがは小口切りにする。
2 ボールに1とAを入れてからめる。

Memo
調味液ごと密閉できる保存袋へ。宅配中に味がしみ込みます。
冷たいままでおいしいおかずです。

2章 食べやすい野菜とお芋の宅配ごはん

宅配ごはん

なべしぎ

冷蔵 3〜4日
冷凍 3週間

なすは皮に切り目を入れると噛みやすい。ごま油で香ばしさをプラス

●材料[2人分]
- なす……………………… 2本（160g）
- ピーマン………………… 1個（30g）
- ごま油…………………… 小さじ2
- A [だし…… 大さじ1　みそ…… 小さじ2
　　　酒…… 小さじ1　砂糖…… 小さじ½]

1人分 75kcal 食塩相当量 0.8g

●作り方
1. なすは縦半分に切り、皮に斜めに細かく切り目を入れ、さらに斜めに2cm幅に切る。ピーマンは縦半分に切り、さらに横に1cm幅に切る。
2. フライパンにごま油を熱し、なすをいためてふたをし、弱火で2分蒸し焼きにする。火を強め、ピーマンを加えてさらにいため、Aを加えていため合わせる。

Memo
軽く温め直しても、そのまま（冷凍便なら解凍後）食卓に並べてもOK。

解凍 電子レンジで1分

宅配ごはん

とうがんとコーンのあんかけ煮

冷蔵 3〜4日

やわらかく煮たとうがんにとろみをつけ、さらに食べやすく

●材料[2人分]
- とうがん………………………… 250g
- ホールコーン（冷凍）…………… 40g
- A [だし………………………… 1カップ
　　　みりん… 小さじ2　塩…ミニスプーン1]
- B [しょうゆ…………………… 小さじ½
　　　かたくり粉………………… 小さじ1½
　　　水…………………………… 小さじ3]

1人分 65kcal 食塩相当量 0.9g

●作り方
1. とうがんは一口大に切る。なべに入れ、コーンとAを加えてふたをし、火にかけて煮立ったら弱火にし、10分ほど煮る。
2. Bを加え混ぜ、ひと煮立ちさせる。

Memo
軽く温め直しても、そのまま食卓に並べてもOK。

果菜類のおかず

宅配ごはん
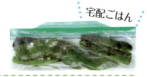

冷蔵 3〜4日

焼きピーマンの ねぎオイルあえ

ピーマンのおいしさをシンプルに味わう一品。粉ざんしょうが隠し味

● 材料［2人分］

ピーマン	4個（120g）
ねぎ（みじん切り）	2cm分
ごま油	小さじ1
塩	ミニスプーン2/3強
粉ざんしょう	少量

1人分 33kcal 食塩相当量 0.5g

● 作り方

1 ピーマンはまるごと魚焼きグリルで焼き、へたと種を除いて食べやすい大きさに切る。
2 すべての材料を混ぜ合わせる。

Memo
ピーマンはまるごと焼くとやわらかく焼き上がります。
冷たいままでおいしいおかずです。

Memo
軽く温め直しても、そのまま食卓に並べてもOK。

宅配ごはん

冷蔵 3〜4日

かぼちゃの バターじょうゆがらめ

電子レンジにかけて混ぜるだけ！
あっという間に煮物風の一品が完成

● 材料［2人分］

かぼちゃ	皮つき150g
A ┌ だし	大さじ2
│ バター	小さじ1（4g）
│ 砂糖	小さじ1
└ しょうゆ	小さじ1/2

1人分 91kcal 食塩相当量 0.3g

● 作り方

1 かぼちゃは一口大に切る。
2 耐熱容器にかぼちゃとAを入れ、ラップをかけて電子レンジで3分加熱する。そのまま3分ほど蒸らし、混ぜ合わせる。

80

| 冷蔵 3〜4日 | **ラタトゥイユ** |

野菜の水分だけで煮ます。
温めても冷やしてもおいしい！

※油を使った料理を電子レンジで温めるときは、高温になって袋が破けるのを防ぐため、袋から出して耐熱容器に移して加熱を。

●材料［2人分］

玉ねぎ	30g
なす	1本（80g）
ズッキーニ	½本（80g）
赤パプリカ	½個（90g）
にんにく（薄切り）	1枚
オリーブ油	小さじ2
A ┌ カットトマト缶	100g
├ ロリエ	½枚
├ 塩	ミニスプーン1
└ こしょう	少量

1人分 83kcal 食塩相当量 0.6g

●作り方

1 玉ねぎ、なす、ズッキーニはそれぞれ角切りに、パプリカは乱切りに、にんにくはみじん切りにする。
2 なべにオリーブ油とにんにくを入れて熱し、玉ねぎを加えていため、なす、ズッキーニ、パプリカを順に加えながらいためる。
3 **A**を加えて混ぜ、ふたをして弱火で10分ほど煮る。

Memo

カットトマトを使うと簡単で、こくが出ます。
軽く温め直しても、そのまま食卓に並べてもOK。

根菜のおかず

大根と油揚げのおだし煮

冷蔵 3〜4日

だしをしっかり吸った大根がやわらか

宅配ごはん

＊汁けが多く形がくずれやすい野菜料理は、保存できる密閉袋に入れてから保存容器に入れる。

● 材料［2人分］

大根‥‥‥‥‥‥‥‥‥‥‥‥200g
油揚げ‥‥‥‥‥‥‥‥‥½枚（14g）
A ┌ だし‥‥‥‥‥‥‥‥‥½カップ
　├ みりん‥‥‥‥‥‥‥‥小さじ2
　└ しょうゆ‥‥‥‥‥‥小さじ1½

1人分 50kcal 食塩相当量 0.6g

Memo
食べるときに好みで七味とうがらしをふるのもよいでしょう。

● 作り方

1 大根は半月切りにし、厚みに数か所切り目を入れ、たっぷりの湯でやわらかくなるまでゆでる。なべからとり出して湯をきる。

2 大根をゆでた湯に油揚げを入れて油抜きをし、湯をきって一口大に切る。

3 なべにA、1、2を入れてふたをし、煮立ったら弱火にして15分ほど煮る。

82

2章 食べやすい野菜とお芋の宅配ごはん

葉物 / 果菜類 / 根菜 / お芋

宅配ごはん

冷蔵 3〜4日

大根のじゃこいため

カルシウムやビタミンが豊富な大根の葉も使います

●材料［2人分］

大根……………………………… 150g
大根の葉………………………… 20g
ちりめんじゃこ………………… 大さじ3
ごま油…………………………… 小さじ1
塩………………………… ミニスプーン2/3強
こしょう………………………… 少量

1人分 48kcal 食塩相当量 1.0g

●作り方

1 大根は短冊切りに、葉は細かく切る。
2 フライパンにごま油を熱し、ちりめんじゃこをいため、1を加えてさらにいため、塩、こしょうで味をととのえる。

Memo
軽く温め直しても、そのまま食卓に並べてもOK。

宅配ごはん

冷蔵 3〜4日

大根のゆず酢づけ

箸休めにぴったり！
ゆずの搾り汁が味に深みを増します

●材料［2人分］

大根……………………………… 150g
塩………………………………… 小さじ1/4
こんぶ…………………………… 3cm角
A ┌ 酢＋ゆずの搾り汁 …………… 小さじ2
　│ 砂糖 ………………………… 小さじ1
　└ ゆずの皮（せん切り）……… 少量

1人分 17kcal 食塩相当量 0.9g

●作り方

1 大根は短冊切りにして塩をふり混ぜる。こんぶははさみで細く切る。
2 大根がしんなりとなったら汁けを絞り、こんぶ、Aと混ぜ合わせる。

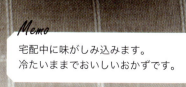

Memo
宅配中に味がしみ込みます。
冷たいままでおいしいおかずです。

83

根菜のおかず

宅配ごはん

| 冷蔵 3日 | かぶとしめじの
クリーム煮 |

やさしい味わいの洋風煮。
牛乳でカルシウムもプラス

●材料［2人分］

かぶ（くし形切り）………… 2個（160g）
しめじ類（ほぐす）………………… 50g
水…… ½カップ　固形ブイヨン…… ¼個
A ┌ 小麦粉…… 小さじ2　バター…… 4g
牛乳…… ¼カップ　塩・こしょう…各少量

1人分 75kcal 食塩相当量 0.9g

●作り方

1 なべにかぶ、しめじ、水、ブイヨンを入れてふたをし、煮立ったら弱火にしてかぶがやわらかくなるまで煮る。
2 Aを耐熱容器に入れ、ラップをかけずに電子レンジで30秒加熱する。牛乳を少量ずつ加え混ぜ、1に加えてとろみをつけ、塩、こしょうで味をととのえる。

宅配ごはん

| 冷蔵 3〜4日 | たたきごぼうサラダ |
| 冷凍 3週間 | |

マヨネーズと練りごまの
こくのあるソースをからめて

●材料［2人分］

ごぼう……………………………………… 80g
しょうゆ………………………………… 小さじ½
A ┌ 練り白ごま…………………………… 小さじ1
　└ マヨネーズ…………………………… 小さじ2

1人分 68kcal 食塩相当量 0.3g

●作り方

1 ごぼうはなべに入る長さに切り、ゆでる。
2 ごぼうをめん棒で軽くたたいてつぶし、2cm長さに切り、食べやすい太さに裂く。しょうゆをからめ、Aを加えて混ぜ合わせる。

[解凍] 電子レンジで1分

Memo
ごぼうはたたくと繊維がつぶれて嚙みやすくなります。
冷たいままでおいしいおかずです。

84

2章 食べやすい野菜とお芋の宅配ごはん

葉物 / 果菜類 / 根菜 / お芋

宅配ごはん

冷蔵 3〜4日
冷凍 3週間

れんこんとにんじんの酢の物

れんこんがしゃきしゃき！
水分の少ない根菜は冷凍OK

● 材料［2人分］

れんこん	80g
にんじん	20g
塩	少量
A 酢	小さじ2½
砂糖	小さじ1強
塩	ミニスプーン⅔強
だし	小さじ1

1人分 30kcal 食塩相当量 0.3g

● 作り方

1 れんこんは薄いいちょう切りにし、さっとゆでて湯をきる。にんじんはせん切りにして塩をふり、しんなりとさせる。
2 1とAを混ぜ合わせる。

解凍 電子レンジで1分

Memo
冷たいままでおいしいおかずです。

Memo
軽く温め直しても、そのまま食卓に並べてもOK。

宅配ごはん

冷蔵 3〜4日
冷凍 3週間

れんこんの みそきんぴら

しょうゆのかわりにみそを
使って味を深めます

● 材料［2人分］

れんこん	100g
ごま油	小さじ1
A みそ・酒	各小さじ1
砂糖	小さじ⅓
赤とうがらし（小口切り）	3切れ

1人分 62kcal 食塩相当量 0.4g

● 作り方

1 れんこんは薄い半月切りにし、さっと水にさらして水けをきる。
2 フライパンに1のれんこんを入れ、水けをとばしながらいりつけ、ごま油を加えていためる。Aを加え、いため合わせる。

解凍 電子レンジで1分

85

根菜のおかず

宅配ごはん

冷蔵 3~4日

にんじんのはちみつレモンサラダ

にんじんをまるごと使って。ビタミンがいっぱい

● 材料 [2人分]

にんじん	小1本（120g）
塩	ミニスプーン1
A ┌ レモン（いちょう切り）	2枚分
│ 酢	小さじ2
│ オリーブ油	小さじ1½
│ はちみ	小さじ½
└ こしょう	少量

1人分 59kcal 食塩相当量 0.7g

● 作り方

1 にんじんはせん切りにし、塩をふり混ぜ、しんなりとなるまでおく。
2 にんじんの汁けをきり、Aを加え混ぜる。

Memo
時間をおくと味がなじんでよりおいしくなるので宅配ごはんに向きます。冷たいままでおいしいおかずです。

宅配ごはん

冷蔵 3~4日
冷凍 3週間

にんじんのナムル

ごまとごま油で香味豊かに。ほどよいこくと塩加減です

● 材料 [2人分]

にんじん	小1本（120g）
A ┌ ごま油	小さじ1
│ 砂糖・塩	各小さじ¼
│ ねぎ（みじん切り）	小さじ½
└ いり白ごま・粉とうがらし	各少量

1人分 43kcal 食塩相当量 0.7g

● 作り方

1 にんじんは斜め薄切りにしてからせん切りにし、ゆでてざるにあげ、さます。
2 ボールに入れ、Aを加え混ぜる。

解凍 電子レンジで1分

Memo
冷たいままでおいしいおかずです。

2章 食べやすい野菜とお芋の宅配ごはん

野菜 / 果菜類 / 根菜 / お芋

宅配ごはん

冷蔵 3〜4日

にんじんとじゃこの有馬煮

実ざんしょうのさわやかな香りと辛味がきいています

●材料［2人分］
- にんじん……………小1本（120g）
- ちりめんじゃこ…………………大さじ2
- 実ざんしょう（塩漬け・市販品）……小さじ1
- だし……………………………⅓カップ
- みりん……………………………小さじ1
- 塩………………………………少量

1人分 35kcal 食塩相当量 0.4g

●作り方
1. にんじんは乱切りにする。
2. なべにすべての材料を入れてふたをし、煮立ったら弱火にし、にんじんがやわらかくなるまで煮る。

Memo
実ざんしょうの塩漬けがなかったら粉ざんしょう少量で代用できます。軽く温め直しても、そのまま食卓に並べてもOK。

宅配ごはん

冷蔵 3日

にんじんの洋風白あえ

カテージチーズと練りごまのあえ衣。親も喜ぶ想定外のおいしさです

●材料［2人分］
- にんじん……………小1本（120g）
- しょうゆ………………………小さじ½
- A ┌ カテージチーズ（クリームタイプ）………………………………50g
- │ 練り白ごま………………小さじ1
- │ 砂糖……………………小さじ½
- └ 塩………………………………少量

1人分 68kcal 食塩相当量 0.7g

●作り方
1. にんじんは短冊切りにし、ゆでて湯をきり、しょうゆをふり混ぜる。
2. ボールにAを混ぜ合わせ、にんじんを加えてあえ混ぜる。

Memo
冷たいままでおいしいおかずです。

お芋のおかず

肉じゃが

冷蔵 3〜4日

子から親に送る"おふくろの味"。
芋は食べごたえがあるのも◎

宅配ごはん

＊芋の形をくずしたくない料理は、密閉できる保存袋に入れてから保存容器へ。

● 材料［2人分］

じゃが芋	2個（300g）
牛切り落とし肉	100g
玉ねぎ	¼個
にんじん	40g
しらたき	100g
サラダ油	小さじ1
A　だし	¾カップ
しょうゆ	大さじ1
砂糖	大さじ½
酒	小さじ2

1人分 294kcal 食塩相当量 0.9g

● 作り方

1 じゃが芋は一口大に切り、水にさらして水けをきる。牛肉は一口大に切り、玉ねぎはくし形切りに、にんじんは乱切りにする。しらたきはゆでて湯をきり、食べやすい長さに切る。

2 なべにサラダ油を熱して玉ねぎをいため、にんじん、じゃが芋をいため、しらたき、Aを加えてふたをし、煮立ったら弱火にして10分ほど煮る。

3 牛肉を広げて入れ、さらに5〜6分、じゃが芋がやわらかくなるまで煮る。

Memo
牛肉の代わりに豚肉を使ってもおいしく作れます。辛味がほしいときは、七味とうがらしをふって。

 宅配ごはん

Memo
冷たいままでおいしいおかずです。

冷蔵 3日 ／

ポテトサラダ

ヨーグルトでほのかな酸味とあっさりとした味わいに

● 材料[2人分]

じゃが芋··················· 2個（300g）
┌ きゅうり（小口切り）············ ½本
└ 塩······················· 少量
ゆで卵（乱切り）················· 1個
ハム（短冊切り）··········· 薄切り1枚分
　┌ マヨネーズ················ 大さじ1½
A│ プレーンヨーグルト········· 大さじ½
　└ 塩・こしょう················ 各少量

1人分 233kcal 食塩相当量 0.6g

● 作り方

1 じゃが芋は一口大に切り、やわらかくなるまでゆでる。湯を捨てて再び火にかけ、なべを揺すって水けをとばす。さます。
2 きゅうりは塩をふり混ぜ、汁けを絞る。
3 1、2、卵、ハム、Aを混ぜ合わせる。

宅配ごはん

冷蔵 3日 ／

じゃが芋としょうがの酢きんぴら

じゃが芋はシャキシャキとした食感。酢としょうがの香味をきかせて

● 材料[2人分]

じゃが芋················ 大1個（200g）
しょうが······················· 1かけ
サラダ油······················ 小さじ1
　┌ 酢························ 小さじ2
A│ 砂糖······················ 小さじ½
　└ 塩··················· ミニスプーン⅔強

1人分 102kcal 食塩相当量 0.5g

● 作り方

1 じゃが芋はせん切りにし、水にさらして水けをきる。しょうがもせん切りにする。
2 フライパンにサラダ油を熱してじゃが芋をいため、透き通ってきたらしょうがを加えていため、Aを加えて混ぜ合わせる。

Memo
加熱不足だといたむので、じゃが芋は透明になるまでしっかりいためます。冷たいままでおいしいおかずです。

お芋のおかず

Memo 軽く温め直しても、そのまま食卓に並べてもOK。

冷蔵 3~4日
冷凍 3週間

さつま芋の甘煮

しっとり煮上げた甘煮は、軽食にもぴったりです

● 材料［2人分］

さつま芋	皮つき150g
水	⅓カップ
みりん	小さじ2
砂糖	小さじ1½
しょうゆ	小さじ¼
塩	少量

1人分 129kcal 食塩相当量 0.3g

● 作り方

1 さつま芋は2cm幅の半月切りにしてたっぷりの水にさらし、水けをきる。
2 なべに全材料を入れて火にかけ、ふたをして芋がやわらかくなるまで弱火で煮る。ふたをはずし、火を強めて汁けをとばす。

解凍 電子レンジで1分30秒

Memo 軽く温め直しても、そのまま食卓に並べてもOK。

冷蔵 3~4日
冷凍 3週間

里芋とツナの煮物

いつもの煮っころがしに、ツナのうま味をプラスしました

● 材料［2人分］

里芋（乱切り）	250g
ツナ油漬け缶	小½缶（28g）
A［水	½カップ　酒　大さじ1
しょうゆ	小さじ1　砂糖　小さじ½］
塩	少量

1人分 118kcal 食塩相当量 0.4g

● 作り方

1 里芋は塩少量（分量外）でもんでぬめりを洗い流す。ツナは缶汁をきる。
2 なべに1、Aを入れ、弱火で芋がやわらかくなるまで煮て、塩で味をととのえる。

解凍 電子レンジで1分30秒

2章 食べやすい野菜とお芋の宅配ごはん

宅配ごはん

| 冷蔵 3〜4日 |
| 冷凍 3週間 |

長芋と豚肉の塩煮

豚肉のうま味を吸った長芋がホクホクに。煮汁ごと食卓に

● 材料 [2人分]

長芋（乱切り）	200g
豚バラ薄切り肉（一口大に切る）	40g
ねぎ（斜め薄切り）	¼本
しょうが（せん切り）	薄切り2枚分
サラダ油	小さじ½
A [だし	½カップ 　酒 小さじ2
[砂糖	小さじ⅓ 　塩 小さじ¼

1人分 163kcal 食塩相当量 0.5g

● 作り方

1 なべにサラダ油を熱し、ねぎ、豚肉、長芋、しょうがを順にいためる。Aを加え、芋がやわらかくなるまで弱火で煮る。

[解凍] 電子レンジで2分20秒

宅配ごはん

| 冷蔵 3日 |
| 冷凍 3週間 |

梅おかかあえ

切ってあえるだけ。長芋の歯ごたえがあとを引きます

● 材料 [2人分]

長芋	150g
梅干し	½個（5g）
削りガツオ	¼袋（1g）
酢	小さじ2
塩	少量

1人分 54kcal 食塩相当量 0.6g

● 作り方

1 長芋は3cm長さの拍子木切りにする。梅干しはたたき刻む。
2 すべての材料を混ぜ合わせる。

[解凍] 電子レンジで1分

Memo 冷たいままでおいしいおかずです。

便利でお手軽

宅配ごはん

ゆで野菜

冷蔵 3～4日
冷凍 3週間

　ゆで野菜は活用範囲が広く、ストックしてあるとたいへん便利です。体調をととのえる栄養素を含む野菜は、親世代も意識して食べたい食材なので、色とりどりのゆで野菜を宅配ごはんで届けましょう。マヨネーズやポン酢しょうゆ、市販のドレッシングなどでそのまま食べたり、削りガツオとしょうゆでお浸しとして、また、みそ汁の具としても使えます。

かぶ

くし形に切り、沸騰湯でゆでてざるにあげ、湯をきる。または、耐熱容器に入れてラップをかけ、電子レンジで3分加熱（かぶ2個の場合）。冷凍すると食感が落ちるので、冷蔵で。

ほうれん草

沸騰湯で色よくゆでて水にとり、水けを絞る。2～3cm長さに切る。

かぼちゃ

わたと種を除き、皮つきのまま一口大に切る。耐熱容器に入れてラップをかけ、電子レンジで2分30秒加熱（かぼちゃ100gの場合）。

2章 食べやすい野菜とお芋の宅配ごはん

カリフラワー
小房に分け、沸騰湯でゆでてざるにあげ、湯をきる。大きいものは縦半分に切る。

ブロッコリー
小房に分け、沸騰湯で色よくゆでてざるにあげ、湯をきる。茎を食べやすい厚さに切り、いっしょにゆでる。

キャベツ
葉を1枚ずつはがして食べやすい大きさに切る。沸騰湯でゆでてざるにあげ、湯をきる。

スナップエンドウ
筋を除いて沸騰湯で色よくゆでて水にとり、水けをきる。長さを半分に切り、割る。

小松菜
沸騰湯で色よくゆでて水にとり、水けを絞る。2〜3cm長さに切る。

グリーンアスパラガス
かたい部分を切り落とし、はかまを除く。沸騰湯でゆでて水にとり、水けをきって3〜4cm長さに切る。

| 冷蔵 3〜4日 |
| 冷凍 3週間 |

ディップ＆ソースを添えてお届け！
おなじみ食料を組み合わせた新鮮な味わいのディップ＆ソース。

ごまみそだれ
黒ごまがたっぷり。ごはんにちょっとのせても

● 材料［作りやすい分量］
すり黒ごま・みそ・だし… 各大さじ2
砂糖…………………………… 大さじ1
酒…………………………… 大さじ½

小さじ1で12kcal　食塩相当量0.3g

● 作り方
1 なべにすべての材料を入れて火にかけ、ぽってりとなるまで練り混ぜる。

トマトみそ
野菜はもちろん、肉や魚に添えてもおいしいです

● 材料［作りやすい分量］
にんにく……………………… ¼かけ
赤とうがらし（小口切り）… 3切れ
オリーブ油…………………… 小さじ1
A ┌ トマトケチャップ…… 大さじ2
　├ みそ………………… 大さじ1½
　└ 酒……………………… 大さじ1

小さじ1で11kcal　食塩相当量0.3g

● 作り方
1 にんにくはみじん切りにする。
2 フライパンにオリーブ油、にんにく、赤とうがらしを入れ、弱火でいためる。香りが立ったら火を消し、Aを加えて混ぜ、再び火にかけて練り混ぜる。

梅マヨ
こくの中に酸味がきいて。海藻にからめるのも美味

● 材料［作りやすい分量］
梅干し………………………… ½個（5g）
削りガツオ…………………… ¼袋（1g）
マヨネーズ…………………… 大さじ3
みそ…………………………… 大さじ½

小さじ1で27kcal　食塩相当量0.3g

● 作り方
1 梅干しはたたき刻み、そのほかの材料を混ぜ合わせる。

こんなケースの
アイデア集

ケース2

もの忘れが多くなってきた親に送る

食べ忘れを防ぐためにも、こまめに親に電話をして食事の様子を尋ねましょう。親の様子も電話でチェック! もちろん、たびたび帰省することがなによりの親孝行です。

まめに電話で様子をチェック

宅配便を送るときに到着日時を伝えることは原則ですが、到着したころを見はからって電話をし、冷蔵庫（または冷凍庫）にしまったかを確認しましょう。できれば、毎日電話で、なにを食べたか、おいしかったかなどを聞き、コミュニケーションを。親の様子も要チェックです。

セットにして食べやすく

親が、なにをどのくらい食べたらよいかわからない様子が見られたら、おかずはそれぞれを詰めるのではなく、「お弁当スタイル」に（70ページ）。1食分のおかずがセットになっていると、必要な量をきちんと食べたり、過食を防いだりすることができます。

生ごみが出ないくふうを

親がごみを出すのがたいへんだったり、出し忘れたりすることも考えて、なるべく生ごみが出ないようにくふうを。たとえば、魚は骨を抜く、皮も食べられない場合はとり除く。ミニトマトなどの野菜はへたをとる、りんごなどの果物は皮や芯を除く、などしましょう。

食べる順に番号をつける

「○日までに食べてね」とそれぞれのおかずに書いても、食べ忘れて冷蔵庫に入れたまま、というケースも考えられます。おかずは、食べてほしい順（保存期間が短い順）に「1、2、3…」「い、ろ、は、に…」などの番号をふり、「1番から食べるようにしてね」と親に伝えましょう。

94

3章 親のお悩み解消！宅配ごはん

骨粗鬆症が気になるという親には、カルシウムが豊富なおかずを送りましょう。また、最近胃腸の調子がおかしいという声を聞いたときには、食物繊維がとれるおかずを。少食な親には、間食で栄養を補って。お好み焼き、果物やヨーグルトを使った甘味のあるスイーツは、小腹がすいたときやおやつにもぴったりです。

カルシウム多めのおかず

宅配ごはん

足腰じょうぶでいてね
カルシウムを意識したメニュー

* 足腰じょうぶで過ごすには、カルシウムやたんぱく質をしっかりとって骨や筋肉を維持することが肝要。カルシウムが多めのおかずで親の元気をサポートします。

* 宅配ごはんには「運動もたいせつだよ」とのメッセージも添えて。

1食分 650kcal カルシウム 249mg 食塩相当量 2.1g

主菜

冷蔵 3～4 日
冷凍 3 週間

梅チキンチーズフライ

たんぱく質源の鶏肉にチーズをはさんで。梅風味のさっぱり味に

●材料［2人分］

鶏胸肉（皮なし）·····················160g
塩・こしょう··························各少量
スライスチーズ··············2枚（36g）
梅干し·······························¼個
小麦粉・とき卵・パン粉··········各適量
揚げ油

1人分 350kcal カルシウム 131mg 食塩相当量 1.1g

●作り方

1 鶏肉は6等分のそぎ切りにし、厚みのある部分に切り目を入れて塩、こしょうをふる。たたき刻んだ梅干しを⅙量ずつ鶏肉の切り目に塗り、チーズを3等分ずつにしてそれぞれにはさむ。
2 小麦粉、とき卵、パン粉の順に衣をつけ、170℃に熱した揚げ油で、こんがりときつね色になるまで揚げる。

解凍 電子レンジで1分40秒

副菜

冷蔵 3～4 日
冷凍 3 週間

ひじきとえのきたけの煮物

ひじきなどの乾物は買いおきできるミネラル食品。食物繊維も豊富です

●材料［2人分］

ひじき··············大さじ2（乾6g）
えのきたけ·······························30g
A ┌ だし·····························⅓カップ
　│ 酒······························小さじ2
　│ しょうゆ····················小さじ1½
　└ 砂糖·························小さじ1

1人分 17kcal カルシウム 32mg 食塩相当量 0.6g

●作り方

1 ひじきは水でもどし、水けをきる。えのきたけは石づきを除き、長さを3等分に切る。
2 なべに1、Aを入れてふたをし、煮立ったら弱火にして10分ほど煮る。

解凍 電子レンジで50秒

副菜

冷蔵 3～4 日
—

カリフラワーのレモン酢

レモンと酢のすっきりとした酸味とほどよい甘味が好バランス

●材料［2人分］

カリフラワー························100g
レモン（薄切り）·····················2枚
A ┌ 酢·····························小さじ2
　│ 砂糖··························小さじ¾
　└ 塩································少量

1人分 22kcal カルシウム 16mg 食塩相当量 0.2g

●作り方

1 カリフラワーは小房に分けてゆで、レモンは半分に切る。
2 1とAを混ぜ合わせる。

副菜

冷蔵 3 日
—

小松菜のからしあえ

野菜の中でも青菜はカルシウムが多い。手軽に作れる一品です

●材料［2人分］

小松菜································100g
A ┌ しょうゆ····················小さじ½
　└ 練りがらし・塩··············各少量

1人分 9kcal カルシウム 67mg 食塩相当量 0.4g

●作り方

1 小松菜はゆでて水にとり、2cm長さに切って水けを絞る。Aを加えてあえる。

主食
ごはん… 1人分 150g
252kcal カルシウム 5mg 食塩相当量 0g

カルシウム多めのおかず

| 冷蔵 3〜4日 | 冷凍 3週間 |

サケのトマトチーズ焼き

サケは筋力を維持するビタミンDを含みます。チーズで香味を高めます

＊切り身魚はくずれやすいので、1切れずつ保存容器に入れる。ブロッコリーを送る場合は別容器に。

● 材料［2人分］

生ザケ･････････････････2切れ（200g）
塩・こしょう････････････････････各少量
オリーブ油･････････････････････小さじ1
にんにく（みじん切り）･･････････････少量
トマトケチャップ････････････････大さじ1
とろけるタイプのチーズ･･････････････40g
ブロッコリー（ゆでる・好みで）･･････30g

1人分 348kcal カルシウム 171mg 食塩相当量 0.9g

● 作り方

1. サケは塩、こしょうをふる。天板にアルミ箔を敷いてオリーブ油少量を塗り、サケを置く。
2. にんにくと残りのオリーブ油を混ぜ合わせて1のサケに塗り、ケチャップとチーズをかけてオーブントースターで10分焼く。
3. 食べるときにブロッコリーを好みで添える。

解凍 電子レンジで2分20秒

Memo
サケの代わりにカジキ、タラ、サワラでも同様に作れます。

3章 親のお悩み解消！宅配ごはん

| 冷蔵 3〜4日 |
| 冷凍 3週間 |

凍り豆腐の肉巻き

カルシウムが多い凍り豆腐に豚肉を巻いて食べごたえのある一品に

宅配ごはん

＊保存容器に重ならないように並べると、電子レンジでむらなく温め直しができる。

● 材料［2人分］

凍り豆腐‥‥‥‥‥‥‥‥‥ 2枚（乾35g）
豚ロース肉（しゃぶしゃぶ用）
‥‥‥‥‥‥‥‥‥‥‥ 6枚（100g）
ごま油‥‥‥‥‥‥‥‥‥‥‥‥ 小さじ1
A ┌ しょうゆ‥‥‥‥‥‥‥‥‥ 大さじ1
　├ みりん‥‥‥‥‥‥‥‥‥‥ 小さじ2
　└ 砂糖‥‥‥‥‥‥‥‥‥‥‥ 小さじ½

1人分 268kcal カルシウム 115mg 食塩相当量 1.6g

カルシウムおかず　整腸おかず　おやつ

● 作り方

1 ボールに凍り豆腐を入れて熱湯をかけてもどし、水を加えながらさます。軽く押して水けを絞り、1枚を3等分に切って、それぞれ豚肉を巻く。
2 フライパンにごま油を熱し、1の巻き終わりを下にして入れ、ころがしながら焼く。焼き色がついたらふたをし、弱火にして2分ほど蒸し焼きにしてAを加え、からめる。

解凍 電子レンジで2分

99

カルシウム多めのおかず

 ひじきと大豆のナムル

冷蔵 3〜4日
冷凍 3週間

ひじきも大豆も意識して
食べたい食材です

● 材料 [2人分]
ひじき……………… 小さじ2（乾2g）
ゆで大豆…………………………… 60g
A ┌ ねぎ（みじん切り）……… 小さじ¼
  │ 粉とうがらし………………… 少量
  │ しょうゆ・ごま油……… 各小さじ1
  └ 砂糖………………………… 小さじ¼

1人分 70kcal カルシウム 35mg 食塩相当量 0.5g

Memo
冷たいままでおいしいおかずです。

宅配ごはん

＊保存容器または密閉できる保存袋に入れる。

● 作り方
1 ひじきは水でもどし、水けをきり、ゆでてざるにあげてさます。
2 ひじき、ゆで大豆、Aを混ぜ合わせる。

解凍 電子レンジで50秒

100

3章 親のお悩み解消！宅配ごはん

カルシウムおかず
鉄分おかず
おやつ

| 冷蔵 3日 | **小松菜の中国風いため** |

オイスターソースのこくと香ばしい香りに食欲も湧きます

＊いため物は軽く温め直すと美味。料理が片寄らないように平らに入れるとむらなく温められる。

● 材料 ［2人分］

小松菜	150g
ねぎ	1/4本
にんにく（薄切り）	1枚
ごま油	小さじ1 1/2
A しょうゆ	小さじ1/2
オイスターソース	小さじ1/4
こしょう	少量

1人分 46kcal カルシウム 133mg 食塩相当量 0.4g

● 作り方

1 小松菜は2cm長さに切り、ねぎは斜めせん切りに、にんにくもせん切りにする。
2 フライパンにごま油を熱し、ねぎを入れてきつね色になるまでいため、にんにく、小松菜を加えてさらにいため、Aを加えていため合わせる。

Memo
小松菜はアクが少ないので下ゆで不要。そのままいためられて便利です。

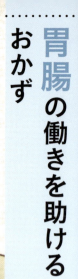

宅配ごはん

胃腸の調子をととのえる
食物繊維がとれる低脂肪メニュー

* よく食べ、よく出すことは健康のカギ。胃腸の働きをサポートするよう、食物繊維が多いおかずをお届けしましょう。

* くずれやすい料理は保存容器に入れて。汁けが出るものや形くずれの心配がないものは密閉できる保存袋が便利です。

1食分 453kcal 食物繊維 5.0g 食塩相当量 1.9g

3章 親のお悩み解消！宅配ごはん

カルシウムおかず
整腸おかず
おやつ

主菜

冷蔵 3〜4日
冷凍 3週間

白身魚の中国風レンジ蒸し

低脂肪の白身魚ときのこの蒸し物風。胃腸にやさしい一品です

●材料［2人分］

白身魚（タイ、タラなど）…2切れ（160g）
塩……………………………………小さじ¼
酒……………………………………小さじ1
生しいたけ………………………………1枚
えのきたけ……………………………20g
ねぎ……………………………………3cm
ごま油…………………………………小さじ1

1人分86kcal 食物繊維0.8g 食塩相当量1.0g

●作り方

1 しいたけは石づきを除いて薄切りに、えのきたけは石づきを除いて長さを3等分に切る。ねぎはせん切りにする。

2 耐熱容器に白身魚を入れ、塩、酒をふりかけ、1をのせてごま油をかける。ラップをふんわりとかけ、電子レンジで4分加熱する。

解凍 電子レンジで2分30秒

Memo

ふたができるのであれば、耐熱容器ごと送っても。

親の元気を支えるヒント

年齢を重ねると筋力が衰え、内臓も弱まっていきます。特に、お通じの回数が減った、胃がもたれるなど、胃腸に悩みをかかえる人は少なくありません。食物繊維が多い食材を使ったおかずで胃腸の動きを助けましょう。油分が多いと消化吸収が悪くなるため、たんぱく質をとるには、脂質の少ない白身魚がおすすめです。おなかに負担がかからないよう、できるだけやわらかく調理し、親にはよく噛んで食べることを伝えましょう。

副菜

冷蔵 3〜4日
冷凍 3週間

がんもどきとスナップえんどうの煮物

がんもどきは食物繊維を含むたんぱく質源。だしを煮含めて

●材料［2人分］

がんもどき………………小2個（60g）
スナップえんどう…………………100g
A ┌ だし…………………………½カップ
　├ しょうゆ・酒……………各小さじ2
　└ 砂糖…………………………小さじ1

1人分97kcal 食物繊維1.7g 食塩相当量0.5g

●作り方

1 がんもどきは熱湯をかけて油抜きをし、半分に切る。スナップえんどうは筋を除き、長さを半分に切る。

2 なべにAを入れて煮立て、1を加えてふたをし、沸騰したら弱火で7〜8分煮る。

解凍 電子レンジで2分

副菜

冷蔵 3日
冷凍 —

ブロッコリーのおかかあえ

味も作り方もシンプル。やわらかめにゆでるとより食べやすい

●材料［2人分］

ブロッコリー……………………100g
A ┌ 削りガツオ……………………少量
　└ しょうゆ……………………小さじ1

1人分19kcal 食物繊維2.1g 食塩相当量0.5g

●作り方

1 ブロッコリーは小房に分けてゆで、湯をきってAをあえ混ぜる。

Memo

やわらかな料理ばかりでなく、1品は歯ごたえのある料理を加えて、噛む心地よさを味わってもらいましょう。

主食

ごはん…1人分150g
252kcal 食物繊維0.5g 食塩相当量0g

103

胃腸の働きを助けるおかず

※形くずれの心配がないので、密閉できる保存袋に入れてもOK。

| 冷蔵 3〜4日 |
| 冷凍 3週間 |

切りこんぶときのこの煮物

食物繊維が多い
こんぶときのこの組み合わせ

● 材料［3人分］

切りこんぶ……………………乾20g
しめじ類………………………50g
赤とうがらし…………………¼本
A ┌ だし……………………½カップ
  │ しょうゆ・酒…………各小さじ2
  └ 砂糖……………………小さじ1

1人分 19kcal 食物繊維2.4g 食塩相当量0.8g

● 作り方

1 切りこんぶは洗って水でもどし、食べやすい長さに切る。しめじは小房に分け、赤とうがらしは小口切りにする。

2 なべに1、Aを入れてふたをし、煮立ったら弱火にして10分ほど煮る。

解凍 電子レンジで1分40秒

キャベツとわかめの煮浸し

冷蔵 3日

野菜は加熱するとかさが減って量が食べられます

＊密閉できる保存袋に煮汁もいっしょに入れ、汁もれを防ぐ。

● 材料［2人分］

キャベツ	2枚（120g）
わかめ（塩蔵）	20g
A　だし	½カップ
しょうゆ・みりん	各小さじ1
塩	少量

1人分 21kcal 食物繊維 1.4g 食塩相当量 0.5g

Memo
軽く温めても、そのまま食卓に並べてもOK。

● 作り方

1 キャベツはざくざくと切る。わかめは洗って一口大に切る。
2 なべにAを入れて煮立て、キャベツを加えてふたをし、煮立ったら弱火にして5〜6分煮、わかめを加えてさっと煮る。

胃腸の働きを助けるおかず

にんじんとしらたきのタラコいため

冷蔵 3〜4日

タラコのプチプチ感が新鮮！
冷たくてもおいしいので、常備菜に

宅配ごはん

＊汁けがないので宅配も安心。

●材料 [2人分]

にんじん……………………………… 40g
しらたき…………………… ½袋（100g）
タラコ………………………………… 30g
酒…………………………………… 小さじ2
オリーブ油………………………… 小さじ1

1人分 55kcal 食物繊維 2.0g 食塩相当量 0.7g

Memo
タラコの塩加減によって味を調整します。塩けが足りない場合は、塩少量を加えて。しらたきが食べにくい親には、短く切ってみてください。

●作り方

1 にんじんはせん切りに、しらたきはゆでて湯をきり、食べやすい長さに切る。タラコはほぐす。
2 フライパンにオリーブ油を熱してにんじんをいため、しらたき、タラコを加えていため、酒をふってさっといためる。

・しらたきなどのこんにゃくはおなかの調子を整える食材の1つですが、消化がよくないため、ゆっくりよく噛んで食べ、消化を高めるようにしてください。

| 冷蔵 3〜4日 |

いりこんにゃくの青のりあえ

淡白な味わいのこんにゃくに青のりの香りが食欲を誘います

宅配ごはん

＊汁けがないので密閉できる保存袋に入れなくてもよい。こんにゃくは冷凍に不向き。

● 材料 ［2人分］

こんにゃく	½枚（125g）
A だし	大さじ2
酒	小さじ2
しょうゆ	小さじ1
砂糖	小さじ½
青のり	小さじ1
塩	少量

1人分 15kcal 食物繊維 1.6g 食塩相当量 0.7g

● 作り方

1. こんにゃくは両面に斜めの切り目を入れ、一口大にちぎってゆでる。湯をきる。
2. なべに1、Aを入れて火にかけ、かき混ぜながらいる。汁けをとばし、仕上げに青のり、塩を加えて混ぜ合わせる。

少食な親向きおやつ

| 冷蔵 | 3日 |
| 冷凍 | 3週間 |

小倉蒸しパン

あずきをたっぷり入れて。電子レンジで作るので後かたづけも楽です

＊切り分けて1切れずつラップに包み、保存袋に入れる。

● 材料 ［作りやすい分量］

ゆであずき･･････････････････････ 100g
小麦粉････････････････････････････ 100g
ベーキングパウダー････････････小さじ1
卵････････････････････････････････････ 1個
砂糖････････････････････････････大さじ3
牛乳････････････････････････････大さじ2
サラダ油････････････････････････大さじ1

¼切れ分 208kcal 食塩相当量 0.2g

● 作り方

1 小麦粉、ベーキングパウダーは合わせてふるう。
2 ボールに卵を割りほぐし、砂糖を加え混ぜ、牛乳、サラダ油を加えて混ぜ合わせる。あずきを混ぜ、1を少量ずつ加えながら混ぜ合わせる。
3 耐熱容器にサラダ油（分量外）を薄く塗って2を流し入れ、ラップをふんわりとかける。
4 電子レンジの庫内に竹串または割り箸を2本置いて3をのせ、4分加熱する。容器ごと裏返し、そのままおいてさます。

解凍 電子レンジで50秒

108

お好み焼き

冷蔵 3日
冷凍 3週間

食事としてなら1枚が1人分、おやつとしてなら2人分です

＊まるごと保存容器に入らなければ切り分けて。または密閉できる保存袋に入れる。

● 材料 [1枚分]

豚もも薄切り肉	80g
長芋	50g
キャベツ	3枚（180g）
ねぎ	30g
サクラエビ	大さじ1½
卵	1個
だし	½カップ
塩	少量
小麦粉	100g
サラダ油	小さじ½
┌ 中濃ソース	大さじ2
└ 削りガツオ	½袋（2g）

1枚分 771kcal 食塩相当量 3.3g

Memo
食べるときに、親の家にある中濃ソースなどをかけてもらいましょう。削りガツオは小分け包装のものを添えて送っても。

● 作り方

1 長芋はすりおろす。キャベツはあらみじん切りに、ねぎは小口切りに、サクラエビはあらく刻む。
2 ボールに卵を割りほぐし、長芋、だし、塩を加え混ぜ、小麦粉を加え混ぜ、キャベツ、ねぎ、サクラエビを混ぜ合わせる。
3 フライパンにサラダ油を熱し、**2**を丸く流し入れ、豚肉を広げてのせる。ふたをして中火から弱火で4～5分焼き、上下を返して同様に焼く。
4 食べるときに中濃ソースと削りガツオをかける。

解凍 電子レンジで4分30秒

少食な親向き おやつ

冷蔵 3〜4日

りんごのコンポート

電子レンジで作るコンポート。
アイスクリームを添えても

宅配ごはん

＊保存容器に入れてから、密閉できる保存袋に入れて汁もれを防ぐ。

● 材料 ［作りやすい分量］

りんご……………………1個（300ｇ）
砂糖……………………………大さじ3
白ワイン・水…………………各大さじ1
レモン（薄切り）………………………1枚
シナモンスティック……………………2㎝

1/3量 73kcal 食塩相当量 0g

● 作り方

1 りんごはくし形切りにし、皮をむいて芯を除く。
2 耐熱容器にすべての材料を入れて、ラップをふんわりとかけて電子レンジで6分加熱し、そのままさます。

Memo
皮はかたいので、むいたほうが食べやすくなります。

ヨーグルト＆フルーツかんてん

冷蔵 3〜4日

ヨーグルトとレモンの、さっぱりとした味わいです

●材料［200ml 容量の保存容器3個分］

黄桃など好みの果物缶
　………… 小1缶（缶汁をきって100ｇ）
プレーンヨーグルト……………… 150ｇ
牛乳……………………………… ½カップ
水………………………………… ½カップ
粉かんてん………………………… 2ｇ
砂糖……………………………… 大さじ4
レモン果汁……………………… 小さじ1

1個分 130kcal 食塩相当量 0.1ｇ

●作り方

1 果物は缶汁をきり、食べやすい大きさに切る。
2 小なべに水、粉かんてんを入れて混ぜ合わせ、火にかける。ときどきかき混ぜ、煮立ったら弱火にして2分加熱する。砂糖を加えてとかし、牛乳を加え混ぜ、ひと煮立ちさせる。
3 ボールにヨーグルト、2 を入れて混ぜ合わせる。あら熱がとれたらレモン汁を入れて混ぜ、果物を加えて保存容器に入れ、冷蔵庫で冷やしかためる。

宅配ごはん

＊保存容器から直接、スプーンでどうぞ。

こんなケースの
アイデア集

ケース 3

持病がある親に送る

病気のために食事に制限がある場合があります。一方、症状の改善につながる食材があることも。かかりつけの医師や管理栄養士に相談しましょう。親の体調管理に気を配ることがたいせつです。

管理栄養士の指導もあおぐ

たとえば、高血圧の親なら減塩を心がける、糖尿病ならばエネルギーのとりすぎに気をつける、足腰の筋肉の減少を防ぐならカルシウムとたんぱく質を重視するなど、食事の注意点があります。適度な運動が必要になることも。病院の管理栄養士の指導を親といっしょに受けましょう。

事前にかかりつけ医に相談を

持病をかかえる親に宅配ごはんを送る場合は、事前に、かかりつけの医師に了解をとりましょう。食べないほうがよいもの、薬の働きを妨げる食材、そのほか注意することなど、かならず確認しましょう。こうすることで、親の体調を把握する貴重なきっかけにもなります。

あやしい健康情報にご用心

○○は体によいなど、世間には栄養情報があふれています。サプリメントで手早く栄養をとりたいと考える親もいるでしょう。サプリメントは栄養素の含有量がとても多く、過剰摂取の心配が。過ぎたるは及ばざるがごとし。毎日の食事で必要な栄養がとれることを親に伝えましょう。

栄養表示を確認する習慣をつける

親の体調は心配でも、すべてを宅配ごはんでまかなうことはむずかしいもの。親は、ときには市販のお弁当やお総菜を利用することもあるでしょう。主菜も副菜もバランスよく選ぶよう、親と近所のお店に出かけて商品の確認を。商品に添付された栄養表示も要チェックです。

112

4章

具だくさんの宅配ごはん

チャーハン、オムライス、ナポリタンスパゲティ、カレーなどの洋食は、親世代も喜ぶメニューです。具だくさんにすれば、あとは食欲に合わせて、ゆで野菜やお浸し、酢の物などを添えるだけでOK。お湯を注げばみそ汁ができ上がるみそ玉も宅配ごはん向き。ぜひ活用してください。

具だくさんカレー

＊汁けが少ないカレーは、汁もれの心配がないので保存容器に入れる。耐熱の容器ならそのまま温め直しができるので便利。ごはんも送る場合は別の容器に入れ、冷凍で(116ページMemo)。

キーマカレー

冷蔵 3〜4日
冷凍 3週間

野菜と豆がたっぷりのドライカレー。パンにのせてもおいしいです

● 材料［2人分］

牛豚ひき肉	100g
ひよこ豆（水煮缶）	50g
玉ねぎ	1/2個（100g）
にんじん	30g
ピーマン	1個
にんにく・しょうが	各1/2かけ
サラダ油	小さじ2

A
- カレー粉……小さじ2
- カットトマト缶……100g
- プレーンヨーグルト……大さじ4
- トマトケチャップ……小さじ2
- しょうゆ……小さじ1
- ロリエ……1枚

塩……ミニスプーン1
こしょう……少量
温かいごはん……180g

1人分 590kcal 食塩相当量 1.4g

● 作り方

1. 玉ねぎ、にんにく、しょうがはみじん切りにする。にんじん、ピーマンは小さめの角切りにする。ひよこ豆は缶汁をきる。
2. フライパンにサラダ油を熱し、玉ねぎをいため、きつね色になったらにんにく、しょうがを加えていため、ひき肉を加えてぽろぽろになるまでいためる。にんじん、Aを加えて混ぜ、ふたをして煮立ったら弱火にして7〜8分煮る。
3. ひよこ豆、ピーマン、塩、こしょうを加えて混ぜ、さらに4〜5分煮る。
4. 器にごはんを盛り、3をかける。

解凍 電子レンジで4分30秒

Memo

汁けの少ないドライカレーだけでなく、一般的なカレーも宅配できます。ただ、じゃが芋は冷凍に不向きなので、冷凍する場合はつぶして混ぜ合わせるようにします。
保存容器にラップを敷いてからカレーを詰めると、容器へのにおい移り、色移りを防ぐことができます。ふたにも移らないよう、上からもラップをかけましょう。
また、カレーもシチュー（116ページ）も容器いっぱいまで入れると、冷凍したさい、膨張して容器が破損するおそれがあるので、8割にとどめます。

4章 具だくさんの宅配ごはん

カレー
シチュー
ごはん
パン
めん

115

具だくさんシチュー

ビーフシチュー

冷蔵 3〜4日 / 冷凍 3週間

薄切り肉を巻いてかたまり肉のように。噛みやすく、肉の食感も充分

＊汁けが多いので、保存容器に入れ、冷蔵の場合はさらに密閉できる保存袋に入れると、汁もれの心配がない。

● 材料［2人分］

牛もも薄切り肉	160g
塩	ミニスプーン1
こしょう・小麦粉	各少量
玉ねぎ	½個（100g）
エリンギ	2本
赤パプリカ	½個
にんにく（薄切り）	2枚
バター	大さじ1（12g）
赤ワイン	大さじ3
水	1カップ
トマトカット缶	100g
デミグラスソース	大さじ4
A 砂糖	小さじ1
A 塩・こしょう	各少量

1人分 419kcal 食塩相当量 1.5g

● 作り方

1 牛肉は塩、こしょうをふり、6つに分け、四角くなるように折りたたんで小麦粉をまぶす。玉ねぎは角切りに、エリンギの軸は輪切りに、笠はくし形切りにし、パプリカは乱切りにする。

2 フライパンにバターをとかして牛肉をいため、にんにく、玉ねぎ、エリンギ、パプリカを加えていため合わせる。ワインを加えて煮立て、水を加えてふたをし、再び煮立ったら弱火にして10分煮る。トマト缶、デミグラスソースを加えて5分煮て、Aを加えて味をととのえる。

解凍 電子レンジで5分20秒

Memo

ごはんも宅配するなら

カレーやシチューといっしょにごはんを送るときは冷凍で。耐熱の保存容器が解凍に便利です。蒸気弁がついたもの、茶わん1杯分（150g）のごはんが入る容量180mlのもの、加熱むらを防ぐ凹凸構造になったもの、ごはんがくっつかない素材のものなど、さまざまな容器が市販されています。
ごはんは熱いうちに容器に入れてふたをするか、ラップに包むかします。あら熱がとれたら冷凍庫へ。ラップに包んだごはんは密閉できる保存袋に入れ、乾燥を防ぎます。

ごはんを均一に加熱できる薄型（深さ3.5cm）の容器

解凍 電子レンジで2分30秒（ごはん150gの場合）

具だくさんごはん

炊き込みごはん

冷蔵 2〜3日
冷凍 3週間

具だくさんのごはんの副菜は簡単なお浸しや酢の物でOK

宅配ごはん

＊おむすびにして、一つずつラップに包み、まとめて密閉できる保存袋に入れても。

● 材料［2人分］

米	1合（150g）
鶏もも肉（皮つき）	50g
しょうゆ・酒	各小さじ½
ごぼう	30g
にんじん	20g
生しいたけ	1枚
A　しょうゆ・みりん	各小さじ1
塩	小さじ⅕

1人分 346kcal 食塩相当量 1.3g

Memo
具はれんこん、里芋、えのきたけなどにしても。冷凍もできます。

● 作り方

1 米は洗って炊飯器の内釜に入れ、1合のメモリの下まで水を入れて30分浸す。
2 鶏肉は小さめの角切りにし、しょうゆ、酒をからめる。ごぼうは笹がきにして水にさらし、水けをきる。にんじんはせん切りにし、しいたけは石づきを除いて縦半分に切り、薄切りにする。
3 1にAを加え、1合のメモリまで水を加えて混ぜ、2を入れて炊く。蒸らして全体を混ぜ合わせる。

解凍 電子レンジで4分30秒

118

| 冷蔵 2日 |
| 冷凍 3週間 |

いなりずし

味のしみた油揚げが美味！
間食にもおすすめです

＊1個ずつラップに包み、密閉できる保存袋か保存容器に入れる。

● 材料 ［8個分］

米……………………………… 1合（150g）
A ┌ 酢………………………… 大さじ1½
  │ 砂糖……………………… 小さじ2
  └ 塩………………………… 小さじ¼
すり白ごま…………………… 小さじ1
油揚げ………………………… 4枚（112g）
B ┌ だし……………………… 1カップ
  │ 砂糖……………………… 大さじ3
  │ しょうゆ………………… 大さじ2
  └ 酒………………………… 大さじ1

1個分 64kcal 食塩相当量 0.4g

Memo
冷蔵で送った場合も、電子レンジで軽く温め直すと、ごはんがやわらかくなって美味。

● 作り方

1 米は普通に炊く。Aは混ぜ合わせる。
2 油揚げは半分に切って口を開き、沸騰湯に入れて油抜きをし、ざるにあげて湯を軽く絞る。なべにBを入れて煮立て、油揚げを加えてふたをし、煮立ったら弱火にして10分ほど煮て、火を消してそのままさます。
3 炊き上がったごはんにAを混ぜ合わせ、ごまをふり混ぜてさます。8等分して、2の油揚げに詰める。

解凍 電子レンジで2分10秒（1個につき）

具だくさんごはん

Memo
ごはんがかたくなって食べにくくならないよう、いためすぎには注意しましょう。

冷蔵 2日
冷凍 3週間

チャーハン

エビとオイスターソースが入った、豊かな味わいのチャーハンです

宅配ごはん

＊1人分ずつ保存容器に入れる。できるだけ浅い容器に詰めると加熱むらが防げる。

● 材料 [2人分]

温かいごはん	300g
無頭エビ	50g
塩・こしょう	各少量
ねぎ	¼本
にんじん	30g
生しいたけ	1枚
ピーマン	1個
卵	2個（100g）
サラダ油	小さじ2
ごま油	小さじ1
A 酒	小さじ2
しょうゆ	小さじ1
オイスターソース	小さじ½
塩	小さじ⅓
こしょう	少量

● 作り方

1 エビは背わたと殻を除いて3〜4等分に切り、塩、こしょうをふる。ねぎはあらみじん切りに、にんじんは薄い角切り、しいたけとピーマンは小さめの角切りにする。卵はときほぐす。

2 フライパンにサラダ油小さじ1を熱し、エビ、しいたけ、ピーマン、にんじんをいため、とり出す。

3 2のフライパンに残りのサラダ油、ごま油を熱し、卵を入れてさっとかき混ぜ、ごはんを加えていため合わせる。ねぎを加えていため、Aを加えてさらにいため、2を戻し入れていため合わせる。

解凍 電子レンジで4分

1人分 431kcal 食塩相当量2.2g

※1人分ずつ保存容器に入れる。保存容器の大きさに合わせて作るとよい。

冷蔵	2日
冷凍	3週間

オムライス

だれもが大好きな洋食の一つ。
1人分ずつ送りやすいのも利点です

●材料 [2人分]

温かいごはん	300g
鶏胸肉（皮つき）	80g
塩・こしょう	各少量
玉ねぎ	¼個
バター	小さじ2（8g）
こしょう	少量
トマトケチャップ	大さじ3
卵	2個
塩・こしょう	各少量
サラダ油	小さじ1
トマトケチャップ（好みで）	適量

1人分 494kcal 食塩相当量 1.9g

●作り方

1 鶏肉は1cm角に切り、塩、こしょうをふる。玉ねぎは小さめの角切りにする。
2 フライパンにバターをとかして鶏肉をいため、玉ねぎを加えてさらにいため、トマトケチャップを加えていためる。ごはんを加えていため合わせ、こしょうをふり混ぜ、半量に分ける。
3 卵をときほぐして塩、こしょうを混ぜ合わせる。小さめのフライパンにサラダ油半量を熱し、半量の卵を流し入れてさっとかき混ぜ、2の半量をのせて包みながら焼く。残りも同様に作る。
4 食べるときに好みでケチャップをかける。

解凍 電子レンジで5分

宅配ごはん

みそ玉みそ汁

便利でお手軽

一杯あるだけで、ほっとするみそ汁。親にみそ汁を作ってあげたいと思う人も少なくないでしょう。
じつは簡単に手作りみそ汁を届ける方法があります。みそに削りガツオを混ぜて丸め、具を添えるだけ。お湯を注げばみそ汁の完成です。

冷蔵 3〜4日

貝割れ菜と油揚げ、わかめのみそ玉みそ汁

カリッと焼いた油揚げが香ばしいみそ汁です

● 材料 [1人分]

貝割れ菜	20g
塩蔵わかめ	5g
油揚げ	1/8枚
みそ玉（右の囲み）	1人分

● 作り方

1 貝割れ菜は3等分に切る。わかめは水でもどす。油揚げは焼いてせん切りにする。
2 汁わんにみそ玉と具を入れ、熱湯3/4カップを注ぎ入れる。

1人分 124kcal 食塩相当量 1.8g

みそ玉の作り方

● 材料 [1人分]

みそ	小さじ1 1/4
削りガツオ	1/4袋（1g）

● 作り方

1 みそと削りガツオを混ぜ合わせ、ラップに包む。

冷蔵 3〜4日

具のバリエーション

＊花麩やサクラエビもみそ玉同様にラップに包んで。汁わんにポンと入れられる。

ねぎと豆苗のみそ玉みそ汁セット

● 材料［1人分］

ねぎ（小口切り）……………………… 2cm
豆苗（2cm長さに切る）……………… 20g
みそ玉（右ページ）…………………… 1人分

1人分24kcal　食塩相当量1.0g

三つ葉と花麩のみそ玉みそ汁セット

● 材料［1人分］

三つ葉（2cm長さに切る）…………… 5g
花麩（水でもどして絞る）…………… 2個
みそ玉（右ページ）…………………… 1人分

1人分 25kcal　食塩相当量 1.0g

みそ玉みそ汁が届いたら
親にしてもらうこと

食べるときに、みそ玉と具を汁わんに入れ、熱湯¾カップを注ぎます。ラップはねじるだけにしておけばすぐに開きますが、開きにくいようならはさみで切ってもらいます。
送るさいに、食べ方のメモをつけるとよいでしょう。

レタスとサクラエビのみそ玉みそ汁セット

● 材料［1人分］

レタス（短冊切り）…………………… ½枚
サクラエビ……………………………… 大さじ½
みそ玉（右ページ）…………………… 1人分

1人分 23kcal　食塩相当量 1.0g

123

具だくさんパン

※1切れずつラップに包み、保存容器または密封できる保存袋に入れる。

宅配ごはん

冷蔵 2日 / 冷凍 3週間

ツナサンド

みじん切りの玉ねぎを加えて食感にアクセントを

● 材料 [2切れ分]

食パン（8枚切り）……………… 2枚
バター………………… 小さじ1½（6g）
マスタード……………………… 小さじ½
ツナ油漬け缶…………… 小½缶（28g）
玉ねぎ（みじん切り）………… 小さじ1
マヨネーズ……………………… 小さじ2
こしょう………………………………… 少量

1切れ分 210kcal 食塩相当量 0.8g

● 作り方

1 ツナは缶汁をきり、玉ねぎ、マヨネーズ、こしょうを混ぜ合わせる。
2 ハムサンドと同様にバターとマスタードをパンに塗り、1をはさんで切り分ける。

解凍 前日に冷蔵庫で解凍。または食べる3時間前に冷凍庫から出し、室温で解凍する。

冷蔵 3～4日 / 冷凍 3週間

ハムサンド

食欲が湧かないときも、これなら食べられそうです

● 材料 [2切れ分]

食パン（8枚切り）……………… 2枚
バター………………… 小さじ1½（6g）
マスタード……………………… 小さじ½
ハムの薄切り…………………… 2枚（20g）

1切れ分 163kcal 食塩相当量 0.9g

● 作り方

1 バターは室温にもどしてマスタードと混ぜ合わせ、パンに塗る。
2 ハムをはさみ、半分に切り分ける。

解凍 前日に冷蔵庫で解凍。または食べる3時間前に冷凍庫から出し、室温で解凍する。

かぼちゃクリームチーズサンド

冷蔵 2日 / 冷凍 3週間

クリームチーズの濃厚な味わいが新鮮！

● 材料 ［2切れ分］

食パン（8枚切り）･････････････ 2枚
バター･･･････････････ 小さじ1½（6g）
マスタード･･･････････････････ 小さじ½
かぼちゃ･･････････････････････ 50g
クリームチーズ･･････････････････ 20g
マヨネーズ･･････････････････ 小さじ1
こしょう････････････････････････ 少量

1切れ分 216kcal 食塩相当量 0.8g

● 作り方

1 かぼちゃはラップに包んで電子レンジで1分強加熱し、つぶしてさます。角切りにしたチーズ、マヨネーズ、こしょうを混ぜ合わる。
2 ハムサンドと同様にバターとマスタードをパンに塗り、1をはさんで切り分ける。

[解凍] 前日に冷蔵庫で解凍。または食べる3時間前に冷凍庫から出し、室温で解凍する。

宅配ごはん

＊1枚ずつラップに包んで密閉できる保存袋に。焼くときはラップをはずすよう、作り方メモを添えて。

卵サンド

冷蔵 2日 / 冷凍 3週間

ゆで卵とマヨネーズのシンプルなサンドです

● 材料 ［2切れ分］

食パン（8枚切り）･････････････ 2枚
バター･･･････････････ 小さじ1½（6g）
マスタード･･･････････････････ 小さじ½
ゆで卵･････････････････････････ 1個
マヨネーズ･･････････････････ 小さじ2
こしょう････････････････････････ 少量

1切れ分 207kcal 食塩相当量 0.8g

● 作り方

1 ゆで卵はみじん切りにし、マヨネーズ、こしょうを混ぜ合わせる。
2 ハムサンドと同様にバターとマスタードをパンに塗り、1をはさんで切り分ける。

[解凍] 前日に冷蔵庫で解凍。または食べる3時間前に冷凍庫から出し、室温で解凍する。

ピザトースト

冷蔵 3日 / 冷凍 3週間

加熱調理せずに送って、食べるときに焼いてもらいます

● 材料 ［2人分］

食パン（6枚切り）･････････････ 2枚
トマトケチャップ･････････････ 小さじ4
オレガノ････････････････････････ 少量
ベーコン･･････････････････ 1枚（17g）
ピーマン･･･････････････････････ 1個
とろけるタイプのチーズ･･････････ 40g

1人分 288kcal 食塩相当量 1.7g

● 作り方

1 ベーコンは短冊切りに、ピーマンは輪切りにする。
2 パンにケチャップを塗り、オレガノをふりかけて1をのせ、チーズを散らす。
3 食べるときに、オーブントースターで焼き色がつくまで焼く。

[解凍] 凍ったままオーブントースターで焼いてOK。

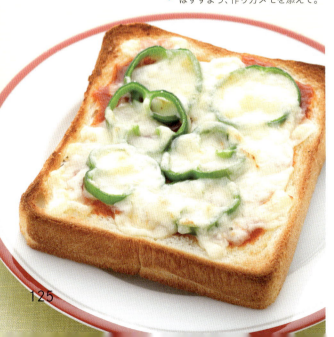

具だくさんめん

| 冷蔵 | 2日 |
| 冷凍 | 3週間 |

ナポリタンスパゲティ

スパゲティは折って短くすると食べやすくなります

宅配ごはん

＊1人分ずつ保存容器に入れる。具が片寄らないように詰めると、むらなく加熱できる。

●材料［2人分］

- スパゲティ……………………乾160g
- 玉ねぎ…………………………¼個（50g）
- ピーマン………………………1個（30g）
- ウインナソーセージ……………4本
- マッシュルーム（水煮・薄切り）…50g
- バター……………………大さじ1（12g）
- トマトケチャップ………………大さじ3
- A ┌ しょうゆ…………………小さじ1
　 └ 塩・こしょう………………各少量

1人分 527kcal 食塩相当量 2.7g

●作り方

1. 玉ねぎ、ピーマンはそれぞれせん切りに、ウインナは斜め薄切りにする。
2. フライパンにバターをとかして玉ねぎをいため、しんなりとなったらウインナを加えていためる。ピーマン、マッシュルームを加えてさらにいため、ケチャップを加えてさっといためる。
3. スパゲティは袋の表示に従ってゆで、湯をきって2に加えていため合わせ、Aで味をととのえる。

解凍 電子レンジで5分。または食べる前日に冷蔵庫に移し、解凍。

Memo

スパゲティやうどん、焼きそばなどのめん類は、冷凍したものを解凍すると、やわらかくなります。歯が弱くなっている親には、冷凍して送るのも手です。
めんはどの種類も長いので、親が食べにくいようなら、乾めんは半分に折ってからゆでる、ゆでめんは適当な長さにカットしてから調理するなどくふうすると食べやすくなります。
冷凍で送る場合、保存容器は深さがあると解凍に時間がかかるため、できるだけ浅いものを選びます。耐熱の容器ならそのまま温めることができて便利です。

4章
具だくさんの宅配ごはん

カレー

シチュー

ごはん

パン

めん

具だくさんめん

冷蔵 2日
冷凍 3週間

焼きうどん

ちくわと削りガツオでだしの役目を。
香りもごちそうです

*1人分ずつ保存容器に入れる。具が片寄らないように詰めると、むらなく加熱できる。

●材料 [2人分]

ゆでうどん（冷凍）	2玉（400g）
豚もも薄切り肉	50g
ちくわ	2本
ねぎ	1/4本
にんじん	30g
小松菜	60g
生しいたけ	1枚
サラダ油	大さじ1
A しょうゆ	小さじ2
みりん	小さじ1
削りガツオ	1袋（4g）

1人分 402kcal 食塩相当量 2.2g

●作り方

1 うどんは袋の表示に従って解凍する。
2 豚肉は一口大に切り、ちくわとねぎは斜め薄切りにする。にんじんは太めのせん切りに、小松菜は3cm長さに切り、しいたけは石づきを除いて薄切りにする。
3 フライパンにサラダ油を熱して豚肉をいため、ねぎ、にんじん、しいたけを加えていため、ちくわ、小松菜を加えていためる。うどんを加えていため、Aを加えていため合わせる。

解凍 電子レンジで8分。または食べる前日に冷蔵庫に移し、解凍。

4章 具だくさんの宅配ごはん

| 冷蔵 | 2日 |
| 冷凍 | 3週間 |

五目焼きそば

肉と野菜がたっぷり入った五目焼きそばです

＊1人分ずつ保存容器に入れる。具が片寄らないように詰めると、むらなく加熱できる。

● 材料 ［2人分］

蒸し中華めん	2玉（300g）
豚もも薄切り肉	100g
塩・こしょう	各少量
玉ねぎ	1/4個（50g）
ピーマン	1個（30g）
にんじん・キャベツ	各30g
サラダ油	小さじ2
ウスターソース	大さじ2
しょうゆ	小さじ1

1人分 511kcal 食塩相当量 2.9g

● 作り方

1 めんは袋のまま電子レンジで1分30秒加熱し、ほぐす。長さを適当に切り、食べやすくする。

2 豚肉は一口大に切り、塩、こしょうをふる。玉ねぎとピーマンはそれぞれせん切りに、にんじんは太めのせん切りに、キャベツは短冊切りにする。

3 フライパンにサラダ油を熱し、豚肉をいためる。玉ねぎ、にんじん、キャベツの順に加えていため、1のめんとピーマンを加えていためる。ウスターソースとしょうゆで調味する。

解凍 電子レンジで5分。または食べる前日に冷蔵庫に移し、解凍。

カレー／シチュー／ごはん／パン／めん

親に届ける宅配ごはんストーリー

宅配ごはんは、親に喜んでもらえることがいちばんですが、送るほうも負担にならないことが大事です。実際に親にごはんを作っている人に、くふうしていること、親の反応、長続きさせるコツなどについて伺いました。

冷蔵派

その1

編集者B子の宅配ごはんストーリー

●DATA
私（48歳）：東京都在住
父（83歳）、母（83歳）：2人暮らし
長野県在住
父は家庭菜園で何種類かの野菜を作り、車を運転して買い物にも行く。
母は2年ほど前から少しずつ動けなくなり、横になっていることが多い。食欲はあり、ごはんはしっかり食べている。

> 台所仕事がつらくなってきた母と、料理ができない父のために

2年ほど前から母が少しずつ動けなくなり、横になることが多くなってきました。そのうち足の筋肉がすっかり落ちて細くなり、長時間、台所に立つのがつらくなってきたようです。いわゆるフレイル（筋力や活動が低下している状態。虚弱）だと思います。でも、食欲はしっかりあり、帰省したときに料理を作ってあげるととてもよく食べます。食べるもの

を充実させると少し動けるようになり、フレイルも改善するのではないか。でも私には東京での生活があるし……、と考えたとき、「料理を作って宅配便で送ればいいのか！」と思いつきました。

父は元気で、家庭菜園で野菜を作ったり、車を運転してふだんの買い物もしているのですが、台所仕事がほとんどできません。そのため、母が料理を作れなくなると父の栄養状態も偏ってしまうというのも、大きな心配事の一つでした。高齢者ドライバーの父に頼ってばかりなのも心配で、宅配ごはんで少しは解消できるかな、と思いました。

親に届ける 宅配ごはんストーリー

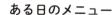

ある日のメニュー

* **鶏肉のから揚げ**
よく作って送る定番の料理

* **切り干し大根の煮物**
乾物はストックできて便利な食材

* **ひじきと大豆の煮物**
栄養を考えて、大豆を多めに

* **サケの粕漬け焼き**
漬け床も手作り。1日以上おくとおいしいので、仕込みが早い段階にできるのが利点

* **牛肉とごぼうのしぐれ煮**
子どものお弁当のレシピの一つ

* **ゆで枝豆**
やわらかくゆで、仕上げに軽く塩をふって

* **カンボジアチキン（鶏手羽中のオイスターソース味）**
職場の先輩から教えてもらった一品。両親の大好物

個々の料理を大きなふたつき保存容器にまとめる。形くずれも防げる

ポリ袋に入れて紙に包み、「この面を上に」のシールを貼る

> **保存袋や容器に入れた料理を、さらに大きな保存容器にひとまとめ**

父が野菜を作っていて、母はみそ汁なら作れるので、私は主菜になるおかずや乾物を使った副菜を送ることが多いです。宅配ごはんは、週末の3時間など時間を決めて一気に作ります。前日に買い物を終え、肉を漬けたり、だしをとるなどの下ごしらえをすませ、翌日に仕上げます。短期決戦なので冷凍ができずに冷蔵で送っていますが、冷蔵だと親に解凍してもらう手間が省け、荷物のスペースが余ったらミニトマトを入れる、ということもできるので、気持ち的にも楽です。

肉料理や副菜は密閉できる保存袋に、魚料理はふたも電子レンジにかけられる保存容器に入れます。これらを大きな保存容器に詰め、ふたをして、汁もれ防止のためにポリ袋に入れ、最後に紙で包装（紙袋を再利用）して、冷蔵で送ります。

> **次はなにを作ろうかな。私が楽しんでいる面もあります**

たまに届ける宅配ごはんだけでは親の栄養状態が完全になるとは思いません。でも、今度はお好み焼きを送ってみようかなとか、野菜の塩こんぶあえが簡単でおいしかったから食べてもらいたいなとか、私のプランは広がっています。

131

\ 冷蔵派 /

その2

ベテラン主婦K子さんの宅配ごはんストーリー

● DATA
私（75歳）：埼玉県在住
母（98歳）：弟（72歳）と2人暮らし
宮城県在住
母は歯も胃腸もじょうぶ

＊五目おこわ
母はおこわが好き。
季節の具を加えて

> 主菜は同居する弟が作り、副菜は私の宅配ごはんで

母は98歳で、弟と2人で暮らしています。弟がまめに買い物や料理などをしてめんどうを見てくれているので、安心です。ただ、弟は主菜になるものは作れるのですが、副菜を作るのが苦手。弟への感謝の気持ちと、できるだけ助けてあげたいという思いから、お総菜を作って送るようになりました。

母は好き嫌いがなく、油ののった魚や肉が好物というほど胃腸がじょうぶで、これまでおなかをこわしたこともありません。歯もじょうぶで、普通のごはんがしっかり食べられるので、わが家で作る料理を小分けにし、だいたい2か月に1度のペースで送っています。「隣に住んでいる母親に、おすそ分けする」という感じです。

料理は基本的に保存容器に詰め、黒豆の煮豆など汁けの多いものは、さらに密閉できる保存袋に入れます。おからなど汁けの少ないものは、直接、保存袋に入れることもあります。これらを大きなポリ袋にまとめて入れ、宅配業者が集荷に来るまで冷蔵庫に置きます。そうしないと、せっかく作ったのに送り忘れることがあるからです。いつも冷蔵で送っていますが、保冷剤のかわりに、母の好物でもある冷凍の団子や肉まん（市販品）を入れることもあります。段ボール箱に入れ、午後3時ごろまでに業者に連絡すれば、翌日の午前中には到着します。着いたらさっそく、お昼に好きなものを選んで食べてもらい、残りは冷蔵庫に保存してもらいます。保存容器は宅配専用にし、

> 宅配業者に渡すまでポリ袋にまとめて冷蔵。送り忘れを防ぐ

親に届ける 宅配ごはんストーリー

＊豚肉と大根のキムチいため

＊おから
汁けが少ない場合は袋に

＊酢豚

ある日のメニュー

＊こんにゃくの甘辛煮

＊カリフラワーのサラダ

＊黒豆の煮豆
汁けがある料理は
容器＋袋で汁もれを防止

＊みょうがの甘酢漬け

＊冷蔵でお届け

＊マーク
容器にはシールでマークをつけ、家のものと区別。宅配業者が集荷に来るまで、ポリ袋ごと冷蔵庫で保存

> 「春には桜のおこわ」の
> リクエストもあり。
> 母の喜ぶ一言が励み

弟が作るのは洋風のいため物が多いので、副菜やつけ合わせになる和風の料理を中心に送っています。私の料理はうす味なので、味が足りないと感じたときは調味料を足してもらっています。母からも「春には桜おこわ」などリクエストがあるので、好きな料理も作ってあげます。母からの「おいしかったよ。ありがとう」の一言がなによりの励みになります。

家のものと混ざらないようにマークをつけています。容器は帰省したさいに持ち帰っています。

その3 冷凍派

月1回ペースS美さんの宅配ごはんストーリー

● DATA
私（40歳代）：東京都在住
父（80歳）　母（76歳）：2人暮らし
千葉県在住
両親ともに食事は普通にでき、自炊もある程度できる。

＊シューマイ
トレイにシートを敷き、シューマイをのせて冷凍。送るときは密閉できる保存袋へ入れて

＊具だくさんごはん
小分けにしておくと、ちょこちょこ食べてくれる

＊フルーツ
母はフルーツが大好き。マンゴーやパイナップルなどは、食べやすい大きさに切ってからシューマイと同様に冷凍

> ちょこちょこ食べの両親にはいつでも食べられるように冷凍で

両親ともに体はじょうぶなのですが、田舎に住んでいるため買い物がたいへんです。食材が少ないときに買い物の助かるようにと思い、月に1回、料理を宅配しています。ふだんの料理を多めに作って、少しずつ両親の分を冷凍しておき、たまったらまとめて送るという形をとっています。

両親は「ちょこちょこ食べ」なので、いつでも、好きなときに出して食べられるのが冷凍のいいところです。私の作ったごはんを食べることで会話が増えたともいっていました。

> トレイや製氷機を使って冷凍にひとくふう

シューマイや春巻き、ギョーザは、トレイにシートを敷いて並べて冷凍します。早く冷凍できるだけでなく、そのあと密閉できる保存袋に入れても皮同士がくっつく心配がありません。製氷機もよく使う道具の一つです。肉みそを製氷機で冷凍して保存袋に入れ、1個ずつ冷凍ごはんにのせて電子レンジで解凍したり、濃いめの野菜スープを冷凍し、2個ほどカップに入れてお湯を注げば簡単に汁物が完成します。りんごや梨をコンポートにして冷凍で送ることもあります。

親に届ける 宅配ごはんストーリー

その4 冷凍派

番外編

アイデアおにぎり M子さんの作りおきごはんストーリー

● DATA
私（50歳代）：神奈川県在住
母（93歳）：ひとり暮らし
静岡県在住

父が一昨年97歳で亡くなり、今は母のために帰省のたびに食事を作って冷凍。なんでも食べられるが自炊はできず、電子レンジで温めるのみ。

具はさまざまな食材を組み合わせて

> 具だくさんおにぎりを冷凍。電子レンジは操作が簡単なものに

母は90歳を過ぎても誤嚥の心配がなく、なんでもよく食べてくれます。亡くなった父もそうでした。両親のごはんを考えたとき、高齢なので、簡単に手間をかけずにエネルギーと栄養がとれるものを、と思い、帰省するたびにおにぎりを作って冷凍庫にストックしておくようになりました。

なんでも食べられるので、具にさまざまな具を詰めています。

よく詰める具は、ウナギのかば焼き＋青じそ＋いり白ごま、鶏肉のから揚げ＋ゆでたほうれん草、枝豆＋チーズ＋柴漬け、ナムル。肉巻きにしたおにぎりや、ケチャップライスのおにぎりも喜びます。定番の梅干しおにぎりも作りますが、具だくさんのほうが早くなくなります。

いつも4〜5種類のおにぎりを5個ずつくらい作ります。衛生面も考えて、ごはんには少し酢を加えます。のりはしけってしまうのでつけません。電子レンジでの解凍は600Wで3分。簡単に操作できるダイヤル式の電子レンジを買い、時間に目印をつけておきました。加熱するときは「決まったお皿に置く」、「チンしたら、やけどしないよう、そのまま数分おく」こともお約束です。

> 作りおきのおかずには番号をふり、早いものから食べてもらう

おにぎりのほかに、3品ほどのおかずを2回分くらい作り、これも冷凍しています。保存容器に番号をつけ、番号が早いものから食べてねと伝えています。母は、ときには宅配弁当も利用していますが、それにも番号をつけて、早いものから食べるようにしています。

135

親に届ける宅配ごはん
おすすめの組み合わせ

23ページ、35ページ、45ページ、55ページ、61ページのメニューに加え、親に届けたいおすすめの組み合わせを紹介します。

朝食向き

menu 1
- ほうれん草とチーズのオムレツ
（作り方65ページ）
- コールスローサラダ
（作り方74ページ）
- パン
- 牛乳またはヨーグルト

menu 2
- ゆで大豆のマリネ
（作り方66ページ）
- キャベツとウインナの青のりいため
（作り方72ページ）
- 大根のゆず酢づけ
（作り方83ページ）
- ごはん

昼食向き

menu 1
- 五目焼きそば
  （作り方129ページ）
- 好みのゆで野菜
  （作り方92〜93ページ）
  ＊ポン酢しょうゆをからめる。
- 果物

menu 2
- 肉団子とかぶのカレースープ煮
  （作り方37ページ）
- にんじんの洋風白あえ
  （作り方87ページ）
- パン

menu 3
- ブリの梅しょうが煮
  （作り方52ページ）
- 小松菜の中国風いため
  （作り方101ページ）
- さつま芋の甘煮
  （作り方90ページ）
- ごはん

menu 4
- 鶏ささ身のタラコ巻き
  （作り方33ページ）
- 白菜とアサリの煮物
  （作り方73ページ）
- かぼちゃのバターじょうゆがらめ
  （作り方80ページ）
- ごはん

夕食向き

menu 1
- いため酢豚
 （作り方24ページ）
- キャベツとわかめの煮浸し
 （作り方105ページ）
- にんじんとしらたきのタラコいため
 （作り方106ページ）
- ごはん

menu 2
- サワラのみりん焼き
 （作り方50ページ）
- かぶとしめじのクリーム煮
 （作り方84ページ）
- いりこんにゃくの青のりあえ
 （作り方107ページ）
- ごはん

menu 3
- サバのトマト煮
 （作り方48ページ）
- たたきごぼうサラダ
 （作り方84ページ）
- きゅうりの和風ピクルス
 （作り方78ページ）
- ごはん

menu 4
- 磯辺揚げ
 （作り方29ページ）
- ブロッコリーのガーリック蒸し焼き
 （作り方75ページ）
- セロリのおかか煮
 （作り方76ページ）
- レタスとサクラエビのみそ玉みそ汁
 （作り方123ページ）
- ごはん

138

栄養成分値一覧

- ●「日本食品標準成分表2015年版（七訂）」（文部科学省）に基づいています。
  同書に記載がない食材は、それに近い食材（代用品）の数値で算出しました。
- ●特に記載がない場合は1人分（1回分）あたりの成分値です。
- ●市販品は、メーカーから公表された成分値のみ合計しています。
- ●ビタミンAはレチノール活性当量、ビタミンEはα-トコフェロールの値です。
- ●数値の合計の多少の相違は、計算上の端数処理によるものです。

掲載ページ	料理名	エネルギー (kcal)	たんぱく質 (g)	脂質 (g)	炭水化物 (g)	食物繊維総量 (g)	カルシウム (mg)	鉄 (mg)	ビタミンA (μg)	ビタミンD (μg)	ビタミンE (mg)	ビタミンB1 (mg)	ビタミンB2 (mg)	ビタミンC (mg)	食塩相当量 (g)
23	豚肉の辛みそいため	247	16.2	17.7	3.0	0.4	9	0.5	6	0.1	0.3	0.55	0.13	1	1.0
23	にんじんの甘酢いため	26	0.3	1.1	4.1	1.0	11	0.1	276	0	0.2	0.03	0.03	3	0.3
23	小松菜の塩こんぶあえ	10	1.1	0.1	2.3	1.4	73	1.0	116	0	0.7	0.02	0.03	9	0.5
23	切り干し大根とサクラエビのしょうが煮	26	1.1	0.1	5.2	1.1	35	0.2	0	0	0.1	0.03	0.02	2	0.4
24	いため酢豚	291	17.0	19.6	9.5	1.6	12	0.6	25	0.2	1.8	0.61	0.20	42	1.4
25	やわらか煮豚	277	18.3	20.0	2.9	0.9	22	0.9	111	0.3	1.1	0.65	0.27	6	1.2
26	一口カツ	277	20.7	15.6	11.7	1.2	27	1.1	5	0.4	1.9	1.09	0.24	18	0.6
26	バーベキューいため	303	16.7	19.5	12.0	0.8	14	0.5	11	0.1	0.9	0.58	0.14	4	1.1
28	和風タンドリーチキン	125	20.0	2.2	4.9	1.0	30	0.7	11	0.1	0.3	0.09	0.11	8	1.2
29	磯辺揚げ	263	21.0	13.6	11.6	0.5	13	0.7	22	0.2	1.8	0.10	0.14	3	0.8
30	みそだれ焼きとり風いため	210	14.3	13.7	5.3	0.9	18	0.9	34	0.3	0.9	0.10	0.14	6	0.9
30	鶏ごぼう煮	229	14.9	13.4	9.1	2.3	27	1.0	32	0.3	0.9	0.11	0.16	4	1.5
32	和風チキンマリネ	131	17.2	5.7	0.9	0.3	8	0.4	15	0.1	0.4	0.08	0.09	3	0.9
33	鶏ささ身のタラコ巻き	101	20.9	1.1	0.3	0.1	8	0.2	19	0.2	0.9	0.14	0.14	6	0.8
35	つくね焼き	201	15.4	12.3	4.7	0.4	19	0.9	53	0.2	1.1	0.08	0.18	3	0.9
35	カリフラワーとパプリカのおかか風味	31	2.4	0.1	5.7	1.8	15	0.5	5	0	0.7	0.04	0.07	75	0.5
35	スナップえんどうのからしあえ	32	1.5	1.1	5.2	1.3	17	0.3	17	0	0.2	0.07	0.05	22	0.4
36	煮込みハンバーグ	282	17.6	19.0	7.3	2.0	56	2.4	54	0.4	1.3	0.27	0.27	8	1.3
37	肉団子とかぶのカレースープ煮	204	16.1	12.0	6.5	2.3	78	1.4	114	0.2	1.6	0.11	0.20	26	1.3
38	焼きギョーザ	284	13.8	16.8	16.8	1.6	30	1.1	50	0.3	1.1	0.46	0.18	17	0.9
38	ひき肉とキャベツの重ね煮	261	16.5	17.0	8.5	2.5	64	2.2	41	0.3	0.8	0.28	0.24	56	1.4
40	牛肉と玉ねぎとミニトマトのウスターソースいため	225	16.4	13.8	7.4	0.9	18	1.4	28	0	1.0	0.10	0.18	13	1.1
41	牛肉の野菜巻き焼き	199	17.1	11.8	4.5	0.9	14	1.6	25	0	1.8	0.13	0.25	26	1.0
42	牛肉となすのさんしょう煮	208	17.3	10.8	8.0	1.8	22	1.5	9	0	0.8	0.12	0.22	4	1.3

139

掲載ページ	料理名	エネルギー (kcal)	たんぱく質 (g)	脂質 (g)	炭水化物 (g)	食物繊維総量 (g)	カルシウム (mg)	鉄 (mg)	ビタミンA (μg)	ビタミンD (μg)	ビタミンE (mg)	ビタミンB₁ (mg)	ビタミンB₂ (mg)	ビタミンC (mg)	食塩相当量 (g)
43	チンジャオロースー	227	17.4	13.8	6.4	1.7	15	1.4	13	0	1.0	0.09	0.21	26	1.3
45	サケの照り焼き	254	20.4	16.7	2.0	0	9	0.4	17	10.0	3.5	0.22	0.10	1	0.9
45	キャベツと油揚げのレンジ煮	32	1.9	1.0	4.3	1.2	37	0.4	3	0	0.1	0.03	0.04	25	0.7
45	ブロッコリーのごまじょうゆあえ	24	2.4	0.8	3.0	2.2	31	0.6	35	0	1.0	0.04	0.06	31	0.5
45	かぼちゃサラダ	114	1.8	4.9	16.1	2.8	19	0.4	251	0	4.7	0.06	0.08	33	0.5
46	ギンダラの煮つけ	286	15.0	18.7	10.2	2.7	43	0.8	1501	3.5	4.9	0.08	0.13	2	1.3
47	アジの南蛮漬け	151	16.7	6.1	5.9	0.5	59	0.7	7	7.1	0.8	0.12	0.12	1	1.2
48	サバのトマト煮	250	17.6	15.7	6.9	1.5	19	1.4	74	4.1	2.8	0.23	0.31	47	1.0
49	サバの竜田揚げ	252	16.9	17.0	5.1	0.1	9	1.2	30	4.1	1.5	0.17	0.26	1	0.9
50	サワラのみりん焼き	196	20.5	9.7	3.4	0.4	16	0.9	17	7.0	0.6	0.11	0.37	3	1.1
50	イワシのかば焼き	165	12.3	9.8	4.7	0.1	52	1.4	5	19.2	2.0	0.03	0.25	0	1.2
52	ブリの梅しょうが煮	280	21.7	17.6	2.7	0.2	8	1.4	50	80	2.0	0.23	0.37	2	0.9
53	カジキの香味焼き	156	19.4	7.7	0.5	0	5	0.5	61	8.8	4.4	0.06	0.09	1	0.7
55	エビグラタン	524	33.2	19.0	52.6	2.7	420	1.9	100	0.8	1.8	0.23	0.37	5	2.1
55	ゆで野菜のドレッシングかけ	39	1.5	2.3	3.9	1.8	21	0.4	8	0	0.8	0.05	0.05	21	0.2
56	エビの青じそマヨいため	134	19.8	5.1	1.2	0.2	73	1.5	17	0	2.7	0.03	0.05	2	1.0
57	エビのチリソースいため	158	20.1	4.7	6.1	0.4	72	1.6	7	0	2.0	0.04	0.05	2	1.5
58	ホタテと青梗菜のクリーム煮	181	18.9	6.3	9.5	0.7	115	0.8	106	0.2	1.7	0.05	0.17	15	1.2
59	ホタテとアスパラガスの塩いため	137	18.3	4.4	5.7	1.0	17	0.6	17	0	1.9	0.08	0.14	10	0.8
61	卵焼き	96	6.2	5.7	3.4	0	26	0.9	75	0.9	0.6	0.03	0.22	0	0.6
61	ほうれん草のバターいため	40	1.9	2.8	2.7	2.1	39	1.6	278	0	1.7	0.09	0.16	27	0.6
61	切り干し大根とひじきのサラダ	47	1.5	2.9	3.9	1.2	29	0.2	2	0.1	0.2	0.06	0.02	5	0.4
61	貝割れ菜と油揚げ、わかめのみそ玉みそ汁	124	8.5	8.7	4.3	2.5	132	1.4	49	0	0.6	0.04	0.08	6	1.8
62	キャベツとサクラエビの卵焼き	96	6.6	5.7	3.4	0.4	39	1.0	76	0.9	0.6	0.04	0.22	8	0.6
62	タラコとのりの卵焼き	107	8.8	6.2	2.6	0.2	30	1.0	89	1.1	1.3	0.10	0.27	4	1.0
62	ほうれん草とえのきたけの卵焼き	98	6.8	5.8	3.7	0.9	34	1.1	128	1.0	0.9	0.06	0.24	2	0.7
63	味つきゆで卵	85	6.6	5.2	1.8	0	28	1.0	75	0.9	0.5	0.04	0.23	0	0.9
63	ゆで卵のカレーソースづけ	85	6.2	5.2	2.2	0.1	30	1.1	75	0.9	0.5	0.03	0.22	0	0.9

掲載ページ	料理名	エネルギー (kcal)	たんぱく質 (g)	脂質 (g)	炭水化物 (g)	総量 食物繊維 (g)	カルシウム (mg)	鉄 (mg)	ビタミンA (μg)	ビタミンD (μg)	ビタミンE (mg)	ビタミンB1 (mg)	ビタミンB2 (mg)	ビタミンC (mg)	食塩相当量 (g)
63	ゆで卵のケチャップしょうゆづけ	87	6.5	5.2	2.7	0.1	28	1.0	79	0.9	0.7	0.03	0.22	1	0.8
63	ゆで卵のみそづけ	95	6.6	6.2	2.0	0.2	29	1.1	75	0.9	0.5	0.03	0.22	0	0.6
64	ミートオムレツ	178	10.9	13.1	2.5	0.4	34	1.2	89	1.0	0.9	0.22	0.28	3	0.6
65	ほうれん草とチーズのオムレツ	161	10.1	12.2	2.1	1.4	128	1.9	251	0.9	1.9	0.09	0.32	18	0.6
65	ズッキーニとベーコンのオムレツ	117	7.3	8.9	1.5	0.6	36	1.2	87	0.9	0.9	0.07	0.24	10	0.6
65	じゃが芋とブロッコリーのオムレツ	146	7.8	9.4	7.3	1.7	39	1.3	93	0.9	1.4	0.10	0.28	40	1.1
66	ゆで大豆のマリネ	84	6.6	4.8	4.6	3.3	32	1.0	0	0.1	0.7	0.09	0.06	0	0.2
67	豆腐と豚肉の煮物	172	12.0	11.0	4.4	0.8	94	1.1	3	0.1	0.6	0.26	0.08	3	0.7
68	おからのいり煮	54	2.3	1.9	7.0	3.2	34	0.4	52	0	0.3	0.04	0.03	1	0.4
68	油揚げの肉詰め焼き	190	13.2	13.9	1.6	1.0	75	1.3	92	0.2	0.9	0.37	0.14	2	0.5
72	キャベツとウインナの青のりいため	107	3.7	8.9	4.0	1.4	33	1.0	16	0.9	0.7	0.06	0.06	27	0.9
73	白菜とアサリの煮物	75	9.5	1.1	6.3	1.3	91	12.9	11	0	1.4	0.03	0.07	19	0.6
74	小松菜の煮浸し	44	3.8	0.8	5.9	1.6	113	1.6	172	0.2	1.1	0.04	0.07	14	0.7
74	コールスローサラダ	65	1.3	3.2	8.1	1.9	28	0.3	4	0	0.5	0.03	0.03	26	0.9
75	ブロッコリーのガーリック蒸し焼き	37	2.2	2.3	3.0	2.3	20	0.5	34	0	1.4	0.07	0.10	60	0.4
76	セロリのおかか煮	20	1.2	0.1	2.7	0.8	21	0.3	2	0.1	0.1	0.02	0.03	4	0.5
76	セロリのナムル	26	0.2	2.3	1.1	0.5	16	0.1	2	0	0.1	0.01	0.01	2	0.3
77	さやいんげんのいため煮	57	2.4	3.7	3.4	1.3	41	0.6	25	0	0.4	0.04	0.06	4	0.3
77	さやいんげんとちりめんじゃこの七味いため	44	2.5	2.2	2.9	1.2	45	0.4	35	2.5	0.2	0.04	0.06	4	0.4
78	きゅうりの和風ピクルス	16	0.6	0.1	3.6	0.6	14	0.2	13	0	0.1	0.01	0.02	6	0.7
78	なすとみょうがのだしづけ	22	1.1	0.1	5.0	2.0	18	0.3	7	0	0.3	0.05	0.05	3	0.5
79	なべしぎ	75	1.8	4.5	7.1	2.4	22	0.6	12	0	0.4	0.05	0.05	15	0.8
79	とうがんとコーンのあんかけ煮	65	1.7	0.5	13.6	2.2	28	0.4	1	0	0.2	0.05	0.05	50	0.9
80	焼きピーマンのねぎオイルあえ	33	0.6	2.1	3.3	1.5	8	0.3	20	0	0.5	0.02	0.02	46	0.5
80	かぼちゃのバターじょうゆがらめ	91	1.6	1.9	17.2	2.7	13	0.5	258	0	3.8	0.06	0.08	33	0.3
81	ラタトゥイユ	83	2.1	4.3	10.3	3.1	28	0.8	78	0	3.1	0.10	0.12	92	0.6
82	大根と油揚げのおだし煮	50	2.1	1.8	6.0	1.5	40	0.4	0	0	0.1	0.02	0.02	8	0.6
83	大根のじゃこいため	48	3.0	2.3	3.8	1.4	75	0.5	48	3.7	0.5	0.04	0.03	14	1.0

掲載ページ	料理名	エネルギー (kcal)	たんぱく質 (g)	脂質 (g)	炭水化物 (g)	食物繊維総量 (g)	カルシウム (mg)	鉄 (mg)	ビタミンA (μg)	ビタミンD (μg)	ビタミンE (mg)	ビタミンB1 (mg)	ビタミンB2 (mg)	ビタミンC (mg)	食塩相当量 (g)
83	大根のゆず酢づけ	17	0.4	0.1	4.1	1.2	23	0.2	1	0	0	0.02	0.02	9	0.9
84	かぶとしめじのクリーム煮	75	2.5	3.0	10.9	2.8	61	0.4	21	0.3	0.1	0.09	0.11	20	0.9
84	たたきごぼうサラダ	68	1.3	4.7	5.9	2.6	55	0.6	1	0	0.8	0.03	0.02	1	0.3
85	れんこんとにんじんの酢の物	30	0.6	0.1	7.3	1.1	10	0.2	69	0	0.3	0.03	0.01	7	0.3
85	れんこんのみそきんぴら	62	1.4	2.3	9.1	1.2	13	0.4	1	0	0.3	0.05	0.01	24	0.4
86	にんじんのはちみつレモンサラダ	59	0.6	3.1	7.4	1.7	20	0.1	415	0	0.5	0.05	0.04	9	0.7
86	にんじんのナムル	43	0.5	2.3	5.0	1.5	21	0.2	382	0	0.2	0.03	0.03	2	0.7
87	にんじんとじゃこの有馬煮	35	2.2	0.2	6.1	1.5	38	0.2	424	2.5	0.4	0.05	0.04	4	0.4
87	にんじんの洋風白あえ	68	4.4	2.9	6.4	1.9	66	0.5	391	0	0.3	0.05	0.08	2	0.7
88	肉じゃが	294	11.9	12.0	34.2	4.3	58	1.6	141	0	0.7	0.21	0.17	56	0.9
89	ポテトサラダ	233	7.2	10.4	27.9	2.2	31	1.2	48	0.6	1.7	0.18	0.18	58	0.6
89	じゃが芋としょうがの酢きんぴら	102	1.7	2.1	19.0	1.5	4	0.5	0	0	0.3	0.09	0.03	35	0.5
90	さつま芋の甘煮	129	0.8	0.4	29.8	2.1	30	0.4	3	0	0.8	0.08	0.02	19	0.3
90	里芋とツナの煮物	118	4.6	3.2	17.3	2.9	14	0.7	1	0.3	1.2	0.09	0.03	8	0.4
91	長芋と豚肉の塩煮	163	5.4	8.4	15.6	1.4	23	0.6	3	0.1	0.5	0.21	0.05	8	0.5
91	梅おかかあえ	54	2.1	0.3	10.8	0.9	15	0.4	0	0	0.2	0.08	0.02	5	0.6
93	ごまみそだれ（小さじ1・6g）	12	0.4	0.6	1.2	0.2	12	0.2	0	0	0	0	0	0	0.3
93	梅マヨ（小さじ1・5g）	27	0.2	2.7	0.4	0.1	1	0.1	1	0	0.5	0	0	0	0.3
93	トマトみそ（小さじ1・6g）	11	0.3	0.4	1.2	0.1	2	0.1	2	0	0.1	0	0	0	0.3
97	梅チキンチーズフライ	350	26.7	19.8	13.8	0.7	131	0.8	75	0.4	2.2	0.12	0.23	3	1.1
97	ひじきとえのきたけの煮物	17	1.0	0.2	4.3	2.2	32	0.4	11	0.2	0.2	0.04	0.05	0	0.6
97	カリフラワーのレモン酢	22	1.6	0.1	4.5	1.7	16	0.3	1	0	0.2	0.04	0.06	46	0.2
97	小松菜のからしあえ	9	0.8	0.1	1.6	1.1	67	1.0	115	0	1	0.02	0.03	9	0.4
98	サケのトマトチーズ焼き	348	26.5	23.9	4.0	0.8	171	0.5	33	10.0	4.1	0.24	0.11	11	0.9
99	凍り豆腐の肉巻き	268	19.2	17.6	5.1	0.5	115	1.6	3	0.1	0.5	0.36	0.10	1	1.6
100	ひじきと大豆のナムル	77	4.8	5.0	3.9	2.5	35	0.8	4	0	0.6	0.05	0.04	0	0.5
101	小松菜の中国風いため	46	1.6	3.2	3.4	1.8	133	2.2	196	0	0.8	0.08	0.11	32	0.4
103	白身魚の中国風レンジ蒸し	86	14.4	2.3	1.5	0.8	11	0.3	8	0.6	0.7	0.08	0.12	1	1.0

掲載ページ	料理名	エネルギー (kcal)	たんぱく質 (g)	脂質 (g)	炭水化物 (g)	総量 食物繊維 (g)	カルシウム (mg)	鉄 (mg)	ビタミンA (µg)	ビタミンD (µg)	ビタミンE (mg)	ビタミンB1 (mg)	ビタミンB2 (mg)	ビタミンC (mg)	食塩相当量 (g)
103	がんもどきとスナップえんどうの煮物	97	6.3	5.4	6.7	1.7	99	1.4	17	0	0.7	0.08	0.06	22	0.5
103	ブロッコリーのおかかあえ	19	2.5	0.2	2.7	2.1	19	0.5	35	0	1.0	0.04	0.06	30	0.5
104	切りこんぶときのこの煮物	19	1.2	0.2	6.0	2.4	49	0.4	7	0.1	0.1	0.06	0.06	2	0.8
105	キャベツとわかめの煮浸し	21	1.2	0.2	4.5	1.4	32	0.3	5	0	0.1	0.03	0.03	25	0.5
106	にんじんとしらたきのタラコいため	55	3.9	2.7	3.6	2.0	46	0.4	142	0.3	1.3	0.12	0.08	6	0.7
107	いりこんにゃくの青のりあえ	15	0.5	0.1	3.0	1.6	33	0.7	9	0	0	0.01	0.02	1	0.7
108	小倉蒸しパン（¼切れ分）	208	6.3	5.3	32.4	3.6	52	0.8	24	0.3	0.6	0.08	0.10	0	0.2
109	お好み焼き（1枚分）	771	39.3	18.2	108.3	7.4	238	3.9	98	1.2	2.2	1.04	0.55	82	3.3
110	りんごのコンポート（⅓量）	73	0.1	0.2	19.3	1.5	4	0.1	1	0	0.1	0.02	0	5	0
111	ヨーグルト＆フルーツかんてん	130	3.1	2.8	23.6	1.0	100	0.1	35	0.1	0.1	0.04	0.13	3	0.1
114	キーマカレー	590	18.6	16.6	87.8	6.7	91	2.6	153	0.1	2.4	0.30	0.23	23	1.4
116	ビーフシチュー	419	17.1	27.7	21.6	3.7	30	1.6	100	0.7	3.1	0.19	0.34	87	1.5
118	炊き込みごはん	346	9.7	4.3	63.6	1.8	17	1.0	79	0.2	0.5	0.11	0.09	2	1.3
119	いなりずし（1個分）	64	2.1	1.8	9.3	0.1	19	0.3	0	0	0.1	0.01	0.01	0	0.4
120	チャーハン	431	15.9	11.8	60.5	1.8	60	1.6	185	1.0	1.7	0.10	0.28	15	2.2
121	オムライス	494	19.9	13.8	68.1	1.5	47	1.6	131	1.1	1.8	0.14	0.31	7	1.9
122	貝割れ菜と油揚げ、わかめのみそ玉みそ汁	124	8.5	8.7	4.3	2.5	132	1.4	49	0	0.6	0.04	0.08	6	1.8
123	ねぎと豆苗のみそ玉みそ汁セット	24	2.5	0.6	2.5	0.9	10	0.6	50	0.1	0.4	0.04	0.06	9	1.0
123	三つ葉と花麩のみそ玉みそ汁セット	25	2.2	0.6	2.6	0.5	10	0.5	7	0.1	0.1	0.01	0.02	1	1.0
123	レタスとサクラエビのみそ玉みそ汁セット	23	2.5	0.6	2.0	0.5	31	0.5	3	0.1	0.2	0.01	0.02	1	1.0
124	ハムサンド（1切れ分）	163	5.9	6.0	21.3	1.1	16	0.3	16	0.1	0.4	0.09	0.03	5	0.9
124	ツナサンド（1切れ分）	210	6.8	10.7	21.6	1.1	17	0.3	17	0.3	1.3	0.03	0.03	0	0.8
125	卵サンド（1切れ分）	207	7.9	9.6	21.5	1.1	30	0.8	55	0.5	1.1	0.05	0.13	0	0.8
125	かぼちゃクリームチーズサンド（1切れ分）	216	5.6	9.5	26.7	2.0	26	0.4	124	0	2.0	0.06	0.07	11	0.8
125	ピザトースト	288	12.7	11.8	32.7	2.0	177	0.6	12	0.1	0.7	0.10	0.05	16	1.7
126	ナポリタンスパゲティ	527	17.1	17.9	71.9	4.2	34	2.0	52	0.4	1.2	0.30	0.19	20	2.7
128	焼きうどん	402	16.7	12.3	52.7	3.1	80	2.1	185	0.5	1.6	0.30	0.18	15	2.2
129	五目焼きそば	511	18.8	16.3	67.9	4.3	45	1.2	113	0.1	1.1	0.39	0.13	21	2.9

●著者
岩﨑啓子

料理研究家、管理栄養士。
聖徳栄養短期大学卒業後、同大学研究室助手などを経て料理研究家として独立。書籍、雑誌、メニュー開発などを通して、栄養学に基づいた健康料理から手軽に作れる家庭料理まで多彩なメニューを提案する。
著書に『365日 和のおかず』(永岡書店)、『専門医が教える組み合わせ自在 腎臓病レシピ』(西東社)、『ホイルでも！ペーパーでも！包み焼き』(池田書店)、『また作って！と言われる きほんの料理』(ナツメ社)、『野菜おかず 作りおきかんたん217レシピ』(新星出版社)など多数。

撮影●田邊美樹
スタイリング●深川あさり
装丁デザイン●釜内由紀江(GRID)
本文デザイン・DTP●SPAIS(宇江喜桜　吉野博之　熊谷昭典)
執筆協力●佐藤美智代　山田 桂
イラスト●matsu
栄養価計算●戌亥梨恵
校閲●みね工房
編集●童夢

親の元気を支えるシリーズ
買い物不便も栄養不足も解決！
親に届ける宅配ごはん

2019年9月20日　初版第1刷発行

著　者　岩﨑啓子
発行者　香川明夫
発行所　女子栄養大学出版部
〒170-8481 東京都豊島区駒込3-24-3
電話　03-3918-5411（営業）
　　　03-3918-5301（編集）
ホームページ　http://www.eiyo21.com
振替　00160-3-84647
印刷・製本　中央精版印刷株式会社

＊乱丁本・落丁本はお取り替えいたします。
＊本書の内容の無断転載・複写を禁じます。また、本書を代行業者等の第三者に依頼して電子複製を行うことは、一切認められておりません。

ISBN978-4-7895-4750-5
© Iwasaki Keiko 2019, Printed in japan